Avec les hommages
du
Conseil des Arts du Canada

With the compliments
of the
Canada Council

Gérard Clément

UN GRAND EXPLORATEUR

Cavelier de La Salle

Éditions Paulines & Apostolat des Éditions

ISBN 0-88840-516-2

Dépôt légal — 3e trimestre 1975

Bibliothèque nationale du Québec
Bibliothèque nationale du Canada.

© 1975 Éditions Paulines, 3965 est, boul. Henri-Bourassa,
Montréal H1H 1L1, P. Q. (Canada).
Apostolat des Éditions, 46-48, rue du Four, Paris VIe.

Maquette de la couverture : Jean-Denis Fleury

DU MÊME AUTEUR

Trio d'amis, 15e m.
Le petit Acadien, 15e m.
Claude l'Orphelin, 20e m.
Pierre d'achoppement, 15e m.
Jusqu'au bout, 20e m. (épuisé)
Sang des Martyrs, 15e m.
Le Roi des bois, 15e m.
Martyrs du Christ, 15e m.
Au pays des lions, 15e m.
Le Chevalier des mers, 15e m.
La belle Aventure de Ville-Marie, 5e m.
Si Noël m'était conté, 15e m.
Les yeux remplis d'étoiles, 5e m.
Alertes au lac Castor, 5e m.

Avant-propos

*Le Père Marquette et Louis Jolliet découvrirent le Missis-
sipi, en 1673, et le parcoururent jusqu'à l'Arkansas. Robert
Cavelier de La Salle le descendit jusqu'au sud et, le premier
des Français, en découvrit l'embouchure dans le golfe du
Mexique, en 1682.*

*La vie du grand explorateur, né à Rouen, présente un côté
aventureux tellement rempli d'épisodes extraordinaires qu'elle
a de quoi séduire les amateurs de récits de voyage.*

*Raconter l'épopée mississipienne, la vie et la mort de son
héros, suivre les péripéties qui accompagnèrent ses découvertes, écrire une relation des voyages de La Salle et de ses compagnons, le tout appuyé sur de bons historiens de France et
d'Amérique, tel est le but que s'est proposé l'auteur de ces
pages *.*

L'AUTEUR

Note : « Ce livre s'adresse à un public de tout âge. Jeunes et moins
jeunes peuvent y puiser des leçons de vie et y trouver une façon
bien intéressante de connaître leur histoire. »

1

Né à Rouen

22 novembre 1643. Les cloches de l'église de Saint-Her-
bland, à Rouen, sonnent à toute volée. Elles carillonnent
joyeusement.

— Qu'est-ce qui se passe ? demande une commère entr'ou-
vrant les volets d'un chassis.

— Mais tu ne sais donc pas, répond la voisine, elle-même
penchée à la fenêtre, il paraît que c'est Jean Cavelier, le marchand, qui fait baptiser.

Quelque minutes plus tard, en effet, les portes de l'église
s'ouvrent toutes grandes et laissent passer un petit cortège qui
monte dans une victoria, en route vers la rue de la GROSSE-
HORLOGE. Devant la maison du mercier en gros, la voiture
s'arrête, les chevaux piaffent et hennissent. La porteuse, qui
tient entre ses bras un poupon enveloppé de châles, en descend
et pénètre à l'intérieur, suivi du père, du parrain Nicolas Gest
et de la marraine Marguerite Morice. Elle présente à la mère,
Catherine Gest, femme de Jean Cavelier, son nouveau-né, bap-
tisé sous le prénom de René-Robert. C'est le futur Cavelier de
La Salle, le grand explorateur du Mississipi, mot iroquois qui
signifie : la *Grande-Rivière*.

Son père, Jean Cavelier, riche mercier, faisait partie de la
haute bourgeoisie de Rouen. Il jouissait d'un certain prestige
puisqu'il avait mérité le titre de : « Maître de la Confrérie
Notre-Dame ». Les époux Cavelier eurent quatre enfants : Jean,

le futur abbé Jean Cavelier, Robert, dont nous allons raconter la vie aventureuse, Nicolas qui étudia le droit et mourut jeune, et une fille qui épousa Nicolas Crevel, conseiller du roi et maître des comptes à Rouen [1].

Le petit Robert grandissait normalement, entouré de soins assidus. Il était même exubérant, espiègle. Des yeux noirs et profonds ; de grands cheveux en tresses, à la mode du temps, encadraient un front large, des joues pâles avec deux petites rides de chaque côté, des lèvres minces. Une figure inquiète et triste qui s'animait soudainement. Tout jeune encore, l'enfant fureta dans la boutique paternelle, rue de la Grande-Horloge, s'emplit les yeux du miroitement des belles étoffes et des vêtement somptueux qui s'étalaient sur les comptoirs de son père.

Il courut sur les bords de la Seine et découvrit sa ville, Rouen, ancienne capitale de la Normandie et du chef-lieu d'arrondissement ; Rouen qui, déjà, à cette époque (XVIIe siècle), était une ville florissante par son commerce et son industrie. Patrie de Pierre Corneille, contemporain de La Salle, et plus tard, de Gustave Flaubert ; c'est sur son sol qu'avait été brûlée Jeanne d'Arc, l'héroïne de Domrémy, en 1431.

Robert affectionnait la Seine qui baigne Rouen ; il flâna sur le quai, où les navires accostaient pour décharger leurs marchandises et repartir ensuite vers la haute mer ; il grimpa fréquemment la côte Sainte-Catherine qui domine la vieille cité normande. Du sommet, il apercevait le fleuve, entre les îles, qui brasillait et décrivait une vaste courbe — comme un reptile qui déroule ses spirales — avant de disparaître au loin. Son père lui avait dit que, là-bas, dans un vaste pays qu'on appelait la Nouvelle-France, coulait un fleuve beaucoup plus large que celui qui scintillait sous ses yeux, un fleuve semblable à une mer qu'on dénommait le Saint-Laurent. En baissant les yeux sur sa ville, Robert découvrait le clocher de la cathédrale (VIIe siècle), le palais de justice ; puis ses regards revenaient au port où mouillaient les navires et suivaient les bateaux qui voguaient au loin, toutes voiles dé-

---

1. Ce Nicolas Crevel est le père de Crevel de Morenger dont il sera plusieurs fois fait mention à la fin de ce récit.

ployées, comme des fous de basan qui rasent les vagues, ailes étendues, gonflées par le vent du large. Le jeune Robert eut bien voulu se trouver sur un de ces bateaux en partance, et voguer vers la Nouvelle-France, pour y découvrir de vastes contrées.

Au retour de l'une de ses randonnées au port, son père lui tint un langage sérieux :

— Robert, te voilà grand, à présent.

L'enfant se mesura du regard et répondit :

— Oui, papa, et j'ai hâte d'aller au Canada.

— Pas si vite, mon petit ; il te faudra d'abord fréquenter l'école comme ton frère Jean.

Robert baissa la tête, la releva, puis sourit. L'idée de partir pour l'école, sac au dos, le grandissait d'un mètre ; il était un homme, à présent.

Dès qu'il fut admis, il fréquenta le collège des Jésuites de sa ville avec son frère Jean, de sept ans son aîné et, plus tard, avec son jeune frère Nicolas.

Très florissant, le collège des Jésuites de Rouen, comptait alors plus de six cents élèves et s'honorait, à bon droit, d'avoir formé le grand poète Corneille. À cette époque, la Nouvelle-France dépendait de l'archevêché de Rouen, et le collège des Jésuites préparait avec enthousiasme de futurs missionnaires dont plusieurs furent auréolés de la gloire des martyrs : les Pères Jogues, Daniel et Brébeuf versèrent tour à tour leur sang pour le Christ.

Une atmosphère d'héroïsme religieux soulevait alors toute la ville, et le père de Robert, Jean Cavelier, homme pieux, participait à l'effervescence générale.

Le soir, assis près de l'âtre familial, où grésillait une grosse bûche, le père Jean Cavelier commentait les dernières Relations des Jésuites de la Nouvelle-France. Sa voix chaude s'enflait par moments. Il semblait revivre lui-même les exploits des missionnaires : « Les Pères Brébeuf et Lalemant, disait-il, deux compatriotes que j'ai connus ici, furent capturés, en 1649, par les Iroquois. Attachés chacun à un poteau, les martyrs se virent passer un collier de haches rougies au feu. Aucun supplice ne leur fut épargné : lèvres coupées, ongles arrachés, lambeaux de chair détachés de leurs membres et grillés sous leurs yeux, eau chaude versée sur la tête, en dérision du baptême. Mais les pères tenaient bon et, comme le Christ, pardonnaient à leurs bourreaux. »

La chair des enfants frémissait à ce récit, mais leurs yeux brillaient du désir d'aller, eux aussi, en Nouvelle-France.

— Connaissez-vous, continuait le père, l'histoire du Père Jogues, deux fois martyr ? Il revint, une première fois, en France, avec des doigts à demi brûlés, fut reçu en audience par le roi, et sollicita du pape la permission de dire la messe. Le Souverain Pontife lui répondit : « Il serait honteux qu'un martyr du Christ ne puisse pas boire le sang du Christ. »

Ces paroles enthousiasmaient l'ardeur juvénile de ses fils. Ils ajoutaient :

— Nous serions heureux, nous aussi, de nous rendre au Canada. Nous le permettrez-vous ?

— Il est trop tôt pour y penser, dit le père. Vous continuerez d'abord vos études au collège des Jésuites et, plus tard, nous en reparlerons.

Devant la volonté paternelle clairement exprimée, les fils Cavelier s'inclinèrent. Cependant, l'aîné, Jean ne fut pas accepté par le collège, malgré son désir de devenir missionnaire. Il se dirigea vers Paris, entra dans l'ordre de Saint-Sulpice (1659), fut ordonné prêtre en 1662, s'embarqua ensuite en direction de Montréal où nous le retrouvons en 1666. Ses frères Robert et Nicolas poursuivirent leurs études au Collège de Rouen, qui s'appela bientôt le lycée Corneille, en l'honneur de l'illustre poète qui l'avait fréquenté.

Sur le désir de son père et sans grande vocation, semble-t-il, Robert, le futur Cavelier de La Salle, entra au noviciat des Jésuites, à Paris, le 5 octobre 1658. Il n'avait pas encore tout à fait quinze ans. Deux années plus tard, le 10 octobre 1660, il faisait profession temporaire de pauvreté, de chasteté et d'obéissance. On l'envoya au collège Henri IV, à La Flèche, poursuivre des cours de mathématiques et de physique et étudier la théologie. Le jeune Père Robert-Ignace Cavelier — il prit ce nom en prononçant ses vœux — se fit remarquer par ses aptitudes pour les mathématiques. Après deux ans, ses supérieurs le nommèrent professeur à Alençon. L'année suivante, il revint au collège Henri IV pour y terminer sa philosophie. Il enseigna de nouveau, un an à Tours, une autre année à Blois, tout en continuant ses études théologiques.

Robert avait vingt-trois ans. Depuis quelques années déjà, il supportait mal le rôle de régent de collège. D'un naturel à la fois inquiet et entreprenant, fermé et autoritaire, il devait trouver extrêmement dure la discipline quasi militaire des Jésuites. Il aspirait à une vie plus libre, au large, au grand air. Dès le 28 mars 1666, il avait écrit au Père Oliva, Général des Jésuites, pour demander l'autorisation de partir pour la Chine. Il lui rappelait sa connaissance de la langue espagnole, ses fortes notions d'arabe et d'hébreu. Son père, écrivait-il, défrayerait le coût du transport et lui fournirait une rente de 600 livres par année. Le 5 avril, une nouvelle lettre priait le Général de bien vouloir l'envoyer au Portugal où un poste de professeur de mathématiques était vacant. Le Supérieur Oliva lui répondit de modérer son ardeur pour les missions et lui enjoignit de terminer d'abord ses études de théologie à La Flèche. Cavelier revint à la charge, sans plus de succès, le 1er décembre suivant.

Un élément survint qui ébranla jusque dans ses racines la vocation douteuse de Robert. Son père mourut et fut inhumé, le 12 janvier 1667, dans le cimetière de la paroisse de Notre-Dame-de-la-Ronde de Rouen. Ce fut le coup de vent qui éteignit la mèche de vocation religieuse qui fumait encore chez le jeune profès. Robert se sentit libre, d'autant plus qu'il n'était pas encore lié définitivement à l'ordre des Jésuites par la profession perpétuelle. Il écrivit aussitôt au Général pour solliciter la remise de ses vœux. Sa prière fut exaucée et, le 28 mars 1667, Robert Cavelier quittait la Compagnie de Jésus. Il n'avait pas encore vingt-quatre ans.

Si Robert quitte la Compagnie de Jésus, il n'a pas toutefois renoncé à son désir de partir pour les pays lointains. Il rêve maintenant de voguer vers la Nouvelle-France où se trouve déjà son frère aîné et, d'une façon ou d'une autre, de s'y illustrer. Comme il n'a pas un sou en poche, ayant perdu ses droits à l'héritage parternel par suite de son entrée en religion, il se fait verser par sa famille, à titre d'indemnité, 400 livres de rente. Cette somme lui permettra de faire voile vers la Nouvelle-France. Quelques mois à peine après sa sortie de chez les Jésuites, il s'embarque pour le Canada. Dès l'automne 1667, nous le retrouvons à Ville-Marie, dans les bras de son frère aîné, l'abbé Jean Cavelier, le Sulpicien. L'accueil fut chaleureux :

— Je ne t'attendais pas si vite, Robert, mais sois le bienvenu tout de même. Dis-moi, as-tu des projets ?

— Oui, plein la tête, je veux trouver le chemin de la Chine par l'Amérique, découvrir de nouveaux pays.

— Peut-être y parviendras-tu plus tard. En attendant, mieux vaudrait t'établir non loin d'ici, défricher, cultiver la terre, trafiquer avec les sauvages, de façon à te créer des fonds dont il semble que tu as grand besoin.

— L'idée n'est pas mauvaise.

— Si tu acceptes, Robert, je te présenterai dès demain à M. de Queylus, notre nouveau Supérieur ; d'ici là, tu logeras avec moi au séminaire Saint-Sulpice.

« À cette époque, Montréal et son île appartenaient aux Sulpiciens qui ne demandaient pas mieux que d'accorder des terres aux colons, de façon à constituer, autour d'eux, toute une série de postes qui pouvaient donner l'alarme et résister, en cas d'invasion par les Iroquois. »

Grâce à l'intercession de son frère, les Seigneurs de Montréal — les Sulpiciens — octroyèrent à Cavelier de La Salle un vaste fief de quelques milliers d'arpents, situé en bordure du Saint-Laurent, en face et un peu au-dessous du Sault Saint-Louis, à trois lieues environ de Montréal [2]. Dès lors, Robert devint seigneur de la Nouvelle-France et prit le nom de Cavelier de La Salle en souvenir d'un domaine que possédait sa famille dans les environs de Rouen.

Qu'était, au juste, le nouveau seigneur ? « De haute stature, et bâti en force, homme de sang-froid, concentré, opiniâtre, acharné au travail, dur envers les autres comme pour lui-même, mais d'une parfaite loyauté et d'une amitié sûre ; ce Normand, au surplus, possède avec un esprit étendu et cultivé, une imagination audacieuse et des ressorts dynamiques de volonté et d'initiative. » [3]

---

2. LÉON LEMONNIER, *La Salle*, p. 40.
3. F.-X. GARNEAU, *Histoire du Canada*, Édition de l'Arbre, 1944, p. 45.

« Il y a deux Cavelier de La Salle, écrit Olivier Maurault, P.S.S. : celui des calomniateurs, arrogant, intraitable, vaniteux et égoïste, à la fois secret et bavard, rapace jusqu'à la malhonnêteté ; cruel et sans pitié, bref un monstre oriental, un grand pacha comme ose dire son assassin en poussant son cadavre du pied ; et le Cavelier de La Salle de l'histoire, un homme encore, certes, avec ses faiblesses et ses défauts de caractère, mais capable d'inspirer de fidèles et profonds attachements, un politique aux vues immenses, une sorte de paladin de l'aventure, un génie de la découverte. Le Gouverneur Frontenac, au Canada, Louis XIV, Colbert et Seignelay, en France, de même que M. de Tronson, supérieur de Saint-Sulpice, avaient été frappés par la noblesse de son caractère et de ses ambitions. » [4]

De son côté, le chanoine Lionel Groulx écrit de lui : « Ne voyons en lui (La Salle), contrairement à diverses écoles d'historiens, ni un vulgaire aventurier, ni un demi-dieu. Voyons-le tel qu'il est : un superbe jeune homme, bâti en géant, intelligent, cultivé, plein d'enthousiasme, éloquent et laissant percer sous un masque assez impénétrable, une opiniâtreté froide, sourde, un peu de fatuité, une extrême mobilité d'humeur. D'un tempérament exhubérant, il lui faut pour évoluer, beaucoup d'espace. Il est de nature inquiète, incapable de repos... Au Canada, la seigneurie de Saint-Sulpice le retient deux ans à peine. Tout le reste de sa vie sera donné à l'aventure. » [5]

Tel est l'homme d'un tempérament ardent, dévoré d'ambition et de gloire qui rêvait de grandes découvertes...

La Salle donna le nom de Saint-Sulpice à sa seigneurie, en l'honneur de ses bienfaiteurs de qui il avait obtenu, en plus, cinq arpents de terre sur le fleuve, tout près du lac Saint-Louis.

Dès le printemps 1668, le nouveau seigneur traça un bourg et l'entoura de palissades. Il y construisit sa maison d'abord, puis il attira les colons ; il assigna à chacun d'eux un demi-arpent dans l'enceinte du village, et soixante arpents à cultiver à l'extérieur moyennant un loyer d'un demi-sou par arpent. Les colons vinrent par petits groupes s'établir à la seigneurie

---

4. OLIVIER MAURAULT, *La Mission Canadienne*, p. 58.
5. LIONEL GROULX, *Notre grande Aventure*, pp. 117-118.

Saint-Sulpice ; ils furent bientôt assez nombreux pour former une bourgade qui prendra, plus tard, le nom de Lachine [6].

« Des Indiens vinrent y commercer. La Salle s'initia aux langues indigènes. Un jour, il offrit l'hospitalité à deux Iroquois de la nation des Tsonnontouans. Les sauvages passèrent l'hiver avec lui. Durant les longues soirées, accroupis devant le foyer, pendant qu'au dehors la neige soufflait en rafales, les deux Iroquois parlèrent à La Salle d'une rivière nommé Ohio ou « la belle rivière » qui, disaient-ils traverse leur pays et va se jeter dans la mer. » [7]

La Salle se fit donner le plus de renseignements possible sur ce cours d'eau. D'après ses hôtes, il prenait sa source non loin de leur village et se dirigeait du levant au couchant. « D'autre part, les Outawais, qui habitaient du côté du lac Supérieur, parlaient d'un grand fleuve qu'ils appelaient : *Missi-Sepe* (la grande rivière). Pour beaucoup, ces deux fleuves n'en faisaient qu'un, ce qui n'était vrai qu'à partir de leur confluent. La Salle crut que, par l'un ou par l'autre, peut-être par les deux, il atteindrait la mer de Chine, rêve de tous les explorateurs de cette époque. Dès lors, Robert Cavelier, qui eut pu vivre tranquille dans son village, commercer avec les Indiens, et s'assurer un profit de vingt à vingt-cinq mille livres par année, nourrit une idée fixe : découvrir le grand fleuve qui conduit à la Chine. » [8]

Il se rendit à Québec soumettre son projet au gouverneur Courcelles et à l'Intendant Talon qui l'encouragèrent dans son dessein. Courcelles délivra à La Salle des lettres patentes qui l'autorisaient à parcourir les bois, rivières et lacs du Canada et à trafiquer avec les sauvages. Les gouverneurs des provinces voisines, ceux de la Virginie et de la Floride furent invitées à favoriser l'expédition en lui accordant droit de passage et secours. Les soldats eux-mêmes étaient autorisés à sortir des troupes et à se joindre à l'entreprise [9].

---

6. Lachine : nommé ainsi par dérision à l'égard de La Salle qui se vantait de découvrir le chemin qui conduit à la Chine.
7. LÉON LEMONNIER, *Cavelier de La Salle*, p. 40.
8. P. CHESNEL, *Cavelier de La Salle*, p. 7.
9. LIONEL GROULX, *Notre Grande Aventure*, p. 116.

Pour se procurer l'argent nécessaire à l'expédition, La Salle vendit à l'abbé de Queylus, Supérieur des Sulpiciens de Montréal, la plus grande partie de son fief. D'autres colons, entre autres Charles Le Moyne, dont les fils devaient s'illustrer dans les annales du Canada, lui achetèrent aussi des terrains.

« Le 9 janvier 1669, les Sulpiciens payèrent à La Salle 1080 livres le territoire qu'ils avaient précédemment donné, moins quatre-cent-vingts arpents que conservait Cavelier. Les Sulpiciens, toujours généreux pour leur protégé érigeaient en fief noble ces quatre-vingts arpents. Ce qui n'empêcha pas La Salle de le vendre, le 3 février, à Jean Milon, pour 2080 livres.» [10]

Avec l'argent ainsi obtenu, Cavelier se procura quatre canots et embaucha une vingtaine d'hommes.

Or, il se trouvait que les Sulpiciens préparaient semblable expédition. Le but, toutefois, n'était pas le même. Ils désiraient surtout travailler à l'évangélisation des sauvages et rivaliser de zèle, pour leur conversion, avec les Jésuites déjà établis à Sainte-Marie-du-Sault, entre le lac Huron et le lac Ontario. Trois ans plus tôt, en 1666, les Sulpiciens avaient fondé une première mission à Kenté, au nord-est du lac Ontario ; deux de leurs missionnaires s'y trouvaient encore dont l'abbé Fénelon, frère aîné du futur archevêque de Cambrai.

Cette fois, les Sulpiciens avaient choisi un des leurs pour diriger l'expédition projetée : l'abbé Dollier de Casson. Il avait passé l'hiver précédent chez les Nipissings, peuplade qui habitait entre les lacs Huron et Ontario, et n'était venu à Montréal que pour préparer un second voyage. À cette date, 1669, « Dollier de Casson a trente-trois ans. Noble de Basse-Bretagne, ancien capitaine de cavalerie sous Turenne, homme de jugement et de belles manières, le Sulpicien en impose par sa taille et sa force herculéenne » [11]. C'est une espèce de géant. L'abbé René Bréhant de Galinée, son compagnon, n'est encore que diacre mais c'est un mathématicien et un astronome capable de fixer sur une carte les degrés de latitude.

Lorsque, avant de partir, les deux Sulpiciens soumirent leur dessein au gouverneur Courcelles, celui-ci leur conseilla de

---

10. ROGER VIAU, *Cavelier de La Salle*, p. 13.
11. LIONEL GROULX, *Notre Grande Aventure*, Fides, 1960. pp. 119-120.

joindre leur expédition à celle de La Salle afin « de fortifier l'une par l'autre ». L'accord se fit rapidement. Des trois, M. de Casson était le seul qui eût quelque expérience des voyages au Canada.

Un contretemps faillit compromettre le voyage. Trois soldats ivres ayant tué un Iroquois à la Pointe-Claire, La Salle attendit que justice soit faite avant de s'aventurer chez les sauvages. Les coupables furent fusillés, et Cavelier, soulagé, fixa le départ au 6 juillet 1669. Ce jour-là, il vendit à Jacques Le Ber et à Charles Le Moyne les derniers cinq arpents qu'il possédait encore près du lac Saint-Louis.

« Quand Cavelier de La Salle part à la découverte de l'Ohio, il songe au Castor, sans doute, mais aussi à l'honneur d'atteindre, le premier, la mer du sud, le chemin de la Chine. » [12]

---

12. COYNE, *Explorations of the Great Lakes,* Toronto, 1903, p. 4.

2

À la recherche de la belle rivière (1669)

L'expédition comprenait vingt-deux hommes partagés en sept canots. Le 6 juillet 1669, les trois canots des Sulpiciens et les quatre de La Salle partirent de Montréal, en présence d'une foule curieuse stationnée sur la berge : on saluait de la main, on agitait des mouchoirs. Des yeux d'adolescents brillaient d'envie à la vue de ces hardis missionnaires et explorateurs qui s'en allaient à l'aventure, vers des contrées lointaines. La Salle, comme il le prétendait, trouverait-il le grand fleuve (Missi-Sepe) ou la belle rivière (Ohio) qui mène à la Chine ?

La petite flottille quitta l'ancien fief de La Salle (village de Saint-Sulpice), le 6 juillet 1669. En tête, deux guides iroquois ayant chacun leur embarcation — les anciens hôtes de La Salle — à la suite, les sept canots français. Ils étaient faits à la mode indienne, d'écorce de bouleaux, longs d'une vingtaine de pieds et larges de deux seulement, si légers qu'un homme pouvait facilement en porter un sur le dos. Chacun contenait quatre passagers et environ huit cents livres de bagages. Il ne fallait pas s'aventurer dans ces frêles pirogues, si l'on ne savait pas parfaitement nager !

Entre l'île de Montréal et le lac Ontario, première étape, on ne compte pas moins de cinq ou six rapides qui nécessitent des portages. Le canotier choisit, sur le rivage, un endroit accessible et tire le canot à terre. L'un des hommes porte l'esquif renversé sur son dos pendant que les autres se partagent les ballots de marchandises. Et l'on avance ainsi le long du fleuve, à travers des sentiers impraticables, encombrés de broussailles et d'obstacles de toutes sortes, jusqu'à un endroit où le fleuve est redevenu navigable. « L'explorateur canadien ne se sépare jamais de son canot ; il l'aime comme l'arabe du désert aime son cheval ou son chameau. »[1]

Le soir, on allume un feu pour se sécher et préparer les aliments, on dresse une tente ou bien l'on s'étend simplement sous le canot renversé, enveloppé d'une couverture de laine, et le fusil à la portée de la main, par crainte d'un guet-apens iroquois.

Cette manière de voyager est harassante, même pour les habitués. Aussi lorsque, après trente-cinq jours de navigation, nos explorateurs arrivèrent à la baie Irondequoit, au sud du lac Ontario, ils étaient presque tous malades. Depuis plus d'un mois, ils n'avaient guère mangé autre chose que du maïs cuit dans l'eau.

Dollier de Casson et Galinée proposèrent de se rendre à la mission de Kenté où se trouvaient les abbés Trouvé et Fénelon. Mais La Salle, qui n'était pas homme à partager l'autorité, s'y opposa énergiquement avec ses hommes et ses guides. Ceux-ci les dirigèrent vers le pays des Tsonnontouans, en longeant la côte orientale du lac Ontario. Ils remontèrent une petite rivière qui les conduisit au principal village indien, situé à six lieues seulement du lac.

La Salle était inquiet. Le capitaine tué à Montréal par trois soldats appartenait à ce village. De plus, la veille du départ, six Onneyouts avaient été assassinés près de Ville-Marie. Les Tsonnontouans les reçurent froidement. Tout en continuant de négocier dans l'espoir de se procurer des guides, les Français se tinrent sur leurs gardes. Autre difficulté : à l'épreuve, La Salle révéla qu'il ne savait pas autant la langue iroquoise qu'il l'avait d'abord laissé entendre, de sorte qu'il était difficile de se faire comprendre autrement que par un interprète[1].

Un jour, ils apprirent qu'un parti de guerriers revenant d'une expédition ramenait un prisonnier destiné à la torture. Le lendemain, Galinée et La Salle se rendirent sur la place du

---

1. ROGER VIAU, *Cavelier de La Salle*, Paris 1960, p. 18.

village, dans le but de l'acheter. Ils aperçurent un jeune sauvage, de dix-huit à vingt ans, robuste et de belle apparence, déjà attaché au poteau de supplice. Ils offrirent inutilement des présents pour l'obtenir car le jeune sauvage avait été donné à une vieille femme du village, à la place de son fils tué à la guerre. Elle fut insensible à toutes les propositions et réclama le supplice immédiat du guerrier.

Un Iroquois fit rougir à blanc le canon d'un fusil et l'appliqua sur le dessus des pieds de l'Indien. La chair grésilla tandis que la victime se tordait de douleur et poussait de longs hurlements. Ensuite, le bourreau promena lentement son arme incandescente le long des cuisses du supplicié, en traçant de profonds sillons dans sa chair. La graisse fondue lui coulait le long des jambes, comme de la cire le long d'un cierge allumé. Durant six heures, on s'amusa ainsi à le griller par tout le corps pendant que femmes et enfants riaient de ses cris et que les hommes, assis en rond, fumaient tranquillement leur pipe en poussant de temps à autre de petits grognements de joie.

Les bourreaux du jeune Indien le détachèrent ensuite du poteau et le forcèrent à courir sur la place en le poursuivant de leurs tisons ardents. Lorsque, vaincu par la douleur, le sauvage s'effondrait, ils déversaient sur sa tête des chaudières remplies de charbons incandescents et de cendres chaudes, le forçant ainsi à reprendre sa course. Enfin, pour terminer, ils le lapidèrent et le mirent en pièces. L'un emporta la tête. L'autre un bras ou une jambe, ou une simple tranche de viande, que chacun allait faire bouillir et manger. Les Senecas offrirent même à leurs hôtes de partager le festin, les assurant qu'il n'y avait pas de meilleure nourriture. Les Français, avec horreur, déclinèrent l'invitation.

Sur le soir, les sauvages, une baguette à la main, célébrèrent leur victoire par une danse frénétique afin, disaient-ils, de chasser l'âme du mort qui pourrait bien être cachée dans quelque coin.

Après cette scène, La Salle et ses compagnons qui se défiaient des Senecas, hâtèrent leurs préparatifs de départ. Ils trouvèrent un guide qui promit de les conduire à la rivière Ohio. Ils longèrent d'abord la rive sud du lac Ontario, franchirent la Niagara dont ils entendirent, au loin, gronder la cataracte. Entre temps, La Salle s'était procuré un esclave qui se disait originaire du « beau fleuve ». Il appartenait à la tribu des Chouannons, établis entre l'Ohio et le Mississipi. Cavelier lui donna le nom de Nika. Ce sauvage devait lui être fidèle jusqu'à la mort. Nika voulut entraîner l'expédition vers le sud mais Dollier de Casson et de Galinée, qui cherchaient plutôt des peuplades à évangéliser que de nouveaux fleuves à découvrir, s'y opposèrent.

Poursuivant leur route, ils arrivèrent à un village du nom de Tinaouataoua où on leur annonça que deux Français se trouvaient. Ils firent, en effet, peu après, la rencontre d'Adrien Jolliet, le frère aîné de Louis Jolliet et de son compagnon Péré, qui revenaient bredouilles du lac Supérieur où les avait envoyés l'Intendant Talon dans le but de découvrir des mines de cuivre. Ils n'avaient rien découvert, mais ils avaient exploré une partie des Grands Lacs et offraient aux missionnaires une carte de la région qu'ils venaient de traverser. Ils affirmaient que, au sud du lac Supérieur, se trouvent des peuplades nombreuses chez lesquelles aucun prêtre n'a encore pénétré.

Enthousiasmés par ce récit, Dollier de Casson et Galinée décidèrent de continuer leur route de ce côté, en disant qu'ils atteindraient tout aussi bien le grand fleuve par le nord. D'autre part « ils se croyaient arrivés dans le paradis terrestre du Canada. Des lacs poissonneux, de vastes prairies, de riants côteaux couverts de vignes, des vergers, des arbres fruitiers, des bocages, des futaies, le tout si bien distribué, dit le Père Christian LeClercq, que les anciens Romains, les princes et les grands en auraient fait autant de maisons de plaisance ».

Mais La Salle ne partageait pas leur avis quant à l'itinéraire à suivre. Comme il était indisposé, il prétexta son état de santé pour ne pas suivre les Sulpiciens. Il n'était pas de ces hommes qui changent facilement leurs projets et il décida d'agir seul. Le 30 septembre 1669, avant de se séparer, les missionnaires dressèrent un autel rustique soutenu par des pagaies posées sur des bâtons fourchus. Le Père Dollier de Casson dit la messe et tous les Français communièrent. Les Sulpiciens continuèrent leur route vers le lac Érié.

Pendant ce temps, qu'est devenu La Salle et ses hommes ? Est-il rentré à Montréal comme il l'avait laissé clairement entendre à Dollier de Casson ou a-t-il obliqué vers le sud à la recherche de l'Ohio ?

Ici, deux thèses s'affrontent qui ont fait déjà versé beaucoup d'encre et « nous abordons là, dit le Chanoine Lionel Groulx, l'une des questions les plus complexes, les plus embrouillées de l'histoire canadienne »[1].

Selon une école d'historiens français qui s'appuie sur Pierre Margry, P. Chesnel, Gabriel Gravier, Léon Lemonnier, etc... La Salle aurait atteint l'Ohio en 1669. Pour d'autres historiens comme Jean Delanglez, S.J., Guy Frégault, Lionel Groulx, etc., il est impossible que le découvreur ait atteint l'Ohio à cette date, sinon dans l'imagination de ses deux amis et protecteurs de Paris, les abbés Bernou et Renaudot. C'est même pour se moquer de cette prétendue folie de La Salle, qui croyait trouver le fleuve qui mène à la Chine, que l'ancienne seigneurie Saint-Sulpice reçut le nom de Lachine que porte encore une petite ville située sur le même site.

« En cette controverse historique, un fait à notre avis, n'a pas été suffisamment noté : la discrétion ou la correction de La Salle. Dans aucune lettre signée de sa main, La Salle n'a prétendu se coiffer du titre de premier découvreur de l'Ohio ou du Mississipi. »[2] Or, lorsqu'on connaît le tempérament de La Salle, il n'eut pas manqué de le faire si telle avait été le résultat de l'expédition.

---

2. LIONEL GROULX, *Notre Grande Aventure*, pp. 128-129.

3

La Salle, Seigneur du fort Frontenac

La Salle, que nous avons laissé quelque part, au sud du lac Ontario, en 1669, et dont on ignore les allées et venues depuis cette date, ruiné par ses récentes expéditions, menait la vie de coureur de bois parmi les tribus iroquoises. Nicolas Perrot, dans ses mémoires, dit l'avoir rencontré de bonne heure, à l'été de 1670, sur l'Outawais, alors qu'il chassait avec des Indiens et cinq ou six Français. Il était de retour à Québec depuis longtemps lorsqu'il apprit le succès de Louis Jolliet et du Père Marquette qui avaient descendu le Mississipi jusqu'à l'embouchure de l'Arkansas (1673).

L'orgueilleux La Salle qui avait rêvé pour lui-même cette découverte dut froncer les sourcils de dépit, d'autant plus qu'il se voyait devancé par les Jésuites à qui, l'on ne sait pourquoi, il avait voué une rancune tenace. Suivant les coteries de son temps, il s'était jeté dans le camp adverse frayant avec les ennemis plus ou moins déclarés des Robes Noires, comme les Iroquois appelaient les Jésuites. C'est ainsi qu'à Paris, il cultiva l'amitié des abbés Bernou et Renaudot, ce dernier, ami du grand Arnaud de Port-Royal. Un fait à noter, La Salle ancien Jésuite lui-même, ne voulut jamais avoir d'autres compagnons de ses voyages que des Sulpiciens ou des Récollets.

« Ce qui avait manqué dans ses dernières expéditions, écrit Léon Lemonnier, c'était l'appui matériel et moral du roi. L'intendant Talon, ami des Jésuites, favorisait leur protégé Jolliet.

Mais Talon suivant Courcelles, était parti et, voici qu'arrivait un nouveau gouverneur : Frontenac. »

C'était un grand Seigneur que ce Louis de Buade, comte de Frontenac qui arrivait au Canada au début de septembre 1672. En grande tenue, ayant à ses côtés, sa femme, belle et élégante, que l'on surnommait la « Divine », précédé d'une garde de vingt hommes en uniforme d'apparat, le comte salua d'un geste noble le bon peuple de Québec assemblé sur le quai. Frontenac s'avançait, tête haute, sous l'ample chapeau à larges bords orné d'une fine plume. La foule applaudit le comte dont elle remarqua la superbe prestance, la tenue distinguée, l'air martial. « À voir les yeux vifs du gouverneur, la carrure de sa mâchoire, son nez à l'emporte-pièce, on se savait en face d'un homme déterminé. Ceux qui se plaignaient de la trop grande puissance de Mgr de Laval et des Jésuites, relevèrent la tête. Voilà un homme que les Robes Noires ne manieraient pas à leur gré. »[1]

Talon venait de démissionner, mais il prit le temps, avant son retour en France, d'initier Frontenac aux problèmes de la colonie. Le gouverneur comprenant les avantages pour le Canada à s'accroître vers le Sud, chargea Louis Jolliet d'aller à la découverte de cette fameuse Grande Rivière dont les sauvages parlaient tant. Frontenac, qui n'aimait pas plus qu'il faut les Jésuites, venait de leur donner une occasion d'étendre leur domination, car Jolliet leur était dévoué, et à peine était-il chargé de la mission, qu'il demandait aux Jésuites la permission de s'adjoindre le Père Marquette. Jolliet partit à l'automne 1672, rejoindre, à Michilimackinac, son compagnon de voyage. Le « gouverneur comprit bientôt toute l'influence qu'exerçait au Canada la Compagnie de Jésus. Il écrivit à Colbert : « Par le séminaire de Québec et le grand vicaire de l'évêque, ils sont les maîtres de tout ce qui regarde le spirituel, qui est, comme vous le savez, une grande machine pour remuer tout le reste. »[1]

« Frontenac se déclarait par là l'adversaire des Jésuites. La politique de la Compagnie de Jésus, à cette époque, soulevait des polémiques, donnait lieu à de véhémentes discussions,

---

1. ROGER VIAU, *Cavelier de La Salle*, Paris, 1960, pp. 24-25.

engendrait même des haines. Peu de gens, parmi les plus dévots, restaient indifférents aux principes des Jésuites. On les aimait jusqu'à ne se confier qu'à eux, ou on les détestait jusqu'à les attaquer publiquement. Ces passions qu'ils inspiraient venaient de ce qu'ils ne juraient allégeance complète qu'à leur Général et au Pape et ne reconnaissaient pas la soumission au roi. C'était là le problème du gallicanisme qui, en France, divisait le clergé lui-même. La question du gallicanisme s'était transportée jusqu'au Canada. » [2]

Cavelier de La Salle, peut-être aigri par ses neuf années chez les Pères, après avoir déjà été leur élève à Rouen, et voyant sans doute en eux des rivaux pour la domination des pays qu'il se proposait de découvrir, ne témoignait plus aucune sympathie à ses anciens maîtres.

« Il se tourna vers Frontenac, se fit présenter à lui par son frère, l'abbé Cavelier, soutenu par les Sulpiciens. Frontenac et La Salle s'entendirent dès l'abord. Hardis tous les deux et entreprenants, également autoritaires, ils auraient pu facilement entrer en conflit mais La Salle, né bourgeois, s'inclinait naturellement devant le comte de Frontenac. Et ce dernier découvrit en lui l'homme dont il aurait besoin pour réaliser ses projets.

« Déjà, Courcelles, son prédécesseur, avait signalé au roi qu'il conviendrait de construire un fort au débouché du lac Ontario, dans le Saint-Laurent, afin de dresser une barrière devant les Iroquois toujours enclins à se jeter sur Montréal comme des oiseaux de proie sur une victime. Cet établissement d'avant-garde aurait aussi l'avantage de protéger l'accès des Grands Lacs. Il favoriserait notre commerce avec les tribus de ces régions en les empêchant d'aller vendre leur fourrures aux établissements anglais et hollandais de la Nouvelle-York. » [3]

La Salle, à l'esprit vif et lucide, comprit l'importance du projet et écrivit lui-même à Colbert, le 2 novembre 1672, pour lui recommander la construction d'un fort sur le lac Ontario afin d'empêcher, disait-il, les Iroquois d'aller vendre leurs pel-

---

2. ROGER VIAU, *Cavelier de La Salle*, Paris, 1960, pp. 25-26.
3. LÉON LEMONNIER, *Cavelier de La Salle*, p. 59.

leteries aux Hollandais. Cet établissement appuierait même la mission des Sulpiciens à Kenté.

Frontenac connaissant les dispositions peu favorables de la cour dès qu'il s'agissait de dépenses, résolut de mettre le ministre devant un fait accompli en exécutant son projet le plus tôt possible. Comme il lui fallait un embassadeur connaissant bien le pays et les indigènes pour négocier avec eux, les rassurer sur ses intentions et les amener à lui envoyer des députés à un rendez-vous près du lac Ontario, il choisit La Salle pour accomplir cette délicate mission. Celui-ci alerta toutes les Robes Noires et réussit à convaincre plus de deux cents chefs des cinq nations iroquoises qui se rendirent à Cataracoui, à l'entrée du lac Ontario.

« Le village de Lachine fut, le 8 juillet 1673, le théâtre d'une mobilisation générale, que dirigeait le gouverneur du Canada : Louis de Buade, comte de Frontenac. Quatre cents hommes, soldats, gardes, colons et Indiens, s'embarquaient en cent vingt canots, qui formaient neuf escadres bien armées. Avec l'habileté de manœuvre d'une flotte de guerre, quatre escouades formaient l'avant-garde. Frontenac était au centre, avec sa mission militaire, flanqué à droite de l'escadre des Trois-Rivières, à gauche de celle des Hurons et Algonquins. Deux escadres formaient l'arrière-garde. » [4]

La flotte naviguait ainsi en ordre de bataille sur le lac Ontario, quand parut un canot d'Iroquois, que l'abbé d'Urfé, leur missionnaire, accompagnait. D'autres suivirent. La Salle s'était bien acquitté de sa mission.

Le rendez-vous avait d'abord été fixé à Kenté, près de la mission des Sulpiciens, mais Cavelier démontra à Frontenac que Cataracoui serait mieux choisi à cause de son site stratégique à l'embouchure de la rivière du même nom, qui se jette dans le lac Ontario, sur la rive nord.

Frontenac y arriva en grande pompe, le 13 juillet 1673. « Un spectacle comme ils n'en avaient jamais vu se déroula alors devant les yeux des Iroquois. Sur un bateau plat, entouré de toute sa mission militaire, trônait le comte de Frontenac. Sur un autre bateau, le panache haut, se serraient les gardes

---

4. CHARLES DE LA RONCIÈRE, *Le Père de la Louisiane*, pp. 14-15.

du corps du gouverneur. Ensuite, venaient les notables de la colonie. Le défilé glissait lentement sur l'eau, oriflammes au vent, tambours battant. Même les blancs du Canada n'avaient jamais été témoins d'un tel déploiement. Frontenac aimait sans doute le faste, mais non pas l'ostentation à ce point. Il se devait d'éblouir les sauvages, de leur ouvrir les yeux devant le prestige, la dignité et la pompe qui entouraient tout ce qui touchait au roi de France. » [5]

Le lendemain matin, à la pointe du jour, on battit aux champs, et les troupes, sur deux files, les gardes en casaques d'uniforme, entourèrent la tente du gouverneur. Devant elle, on avait étendu de grandes toiles pour permettre aux anciens de s'asseoir. Suivant la coutume, on alluma un feu autour duquel les Iroquois se groupèrent. Et Frontenac, prenant Charles le Moyne de Longueuil comme interprète, les harangua ainsi : « Mes enfants, Onnontagués, Agniers, Onneyouts, Goyoguins et Tsonnontouans, j'ai fait allumer ce feu pour vous voir *pétuner* (fumer) et pour vous parler. Oh ! que c'est bien fait, mes enfants, d'avoir suivi les commandements de votre père, en venant ici ! Prenez donc courage. Vous y entendrez sa parole qui est toute pleine de douceur et de paix, une parole qui remplira de joie toutes vos cabanes et les rendra heureuses. Car ne pensez pas que la guerre soit le sujet de mon voyage. Je n'ai eu d'autre dessein que de venir vous voir, puisqu'il est bien juste qu'un père connaisse ses enfants et que les enfants connaissent leur père. » [6]

Ces paroles furent suivies du don de quinze arquebuses aux capitaines des Cinq Nations, don destiné à leur faire accepter une épreuve, une menace en voie de s'accomplir. Sur un tracé de l'ingénieur Raudin, des palissades d'arbres rapidement équarris formaient déjà une redoute, le fort Frontenac où, disait le gouverneur, « les Cinq Nations trouveraient des marchandises de France, sans être obligées d'aller à cent lieues plus loin ! »

Le gouverneur excellait aux palabres avec les Indiens qu'il subjuguait par ses manières de grand seigneur et son amabi-

---

5. ROGER VIAU, *Cavelier de La Salle*, Paris, 1960, p. 28.
6. CHARLES DE LA RONCIÈRE, *Le Père de la Louisiane*, p. 16.

lité. Il les convainquit qu'il serait de leur intérêt de laisser construire une redoute en cet endroit. Même avant la fin des pourparlers, il fit commencer l'érection du fort qui était presque achevé lorsqu'il partit à la fin de juillet. Le gouverneur confia à La Salle le soin de le parachever, et celui-ci s'y employa avec zèle.

Mais les marchands de Montréal, qui craignaient pour leur commerce, ne voyaient pas de bon œil la fondation d'un nouveau poste. Ayant à leur tête Nicolas Perrot, gouverneur de la ville, ils protestèrent auprès de Frontenac. Une querelle s'ensuivit et le gouverneur de Québec, pour en finir, fit mettre Perrot au cachot (1674). Les Sulpiciens soutinrent Perrot dans cette affaire tandis que La Salle prit ouvertement parti pour Frontenac. « Au jour de Pâques, à la chapelle de l'Hôtel-Dieu, l'abbé Fénelon, frère du futur archevêque de Cambrai, s'éleva dans un violent sermon contre les agissements de Frontenac. La Salle protesta silencieusement en faisant force gestes, sortit de l'église, indigné, et fit rapporter à son protecteur les propos du bouillant abbé. On dit que Frontenac écuma de rage en lisant le compte rendu de La Salle.» [7]

Les choses s'envenimèrent à tel point que les ennemis de Frontenac demandèrent la démolition du fort et adressèrent une lettre de réclamation à Versailles. Pour défendre sa cause, le gouverneur délégua La Salle en France et le pourvut d'une lettre de recommandation fort élogieuse à l'adresse de Colbert. L'abbé Cavelier accompagnait son frère. À son départ pour la France, en novembre 1674, Cavelier était muni d'une lettre d'introduction à l'adresse de Colbert : « Je crois vous servir, écrivait Frontenac, en vous recommandant le sieur de La Salle ; c'est un homme d'esprit et d'intelligence, le plus capable de ceux que je connais ici de mener à bien les entreprises et les découvertes qu'on voudrait bien lui confier. Il a une connaissance parfaite de l'état du pays, comme vous le verrez si vous consentez à lui accorder quelques moments d'audience.»

« Présenté à la cour par le prince de Conti, il réussit dans sa mission. Enhardi par son succès, il demanda en même

---

7. ROGER VIAU, *Cavelier de La Salle*, Paris, 1960, p. 33.

temps qu'on l'anoblît pour ses services antérieurs, et qu'on lui octroyât la seigneurie du fort de Frontenac. En échange, il offrait de rendre au roi les 10,000 livres qu'avait coûtés le fort, de l'entretenir à sa charge, et d'y maintenir une garnison égale à celle de Montréal. Il s'engageait aussi à y occuper de vingt à cinquante ouvriers, à former une colonie alentour, à construire une église quand le nombre des habitants atteindrait cent, et enfin à grouper autour de lui ceux qu'on appelait les Indiens convertis. » [8]

Il parut si bien mériter les éloges qui l'avaient précédé à la cour que le roi lui décerna, le 13 mai 1675, des lettres de noblesse, le nomma gouverneur du fort Frontenac, en lui accordant, en outre, la possession des terres et des îles avoisinantes, jusqu'à quatre lieues, avec le droit de chasse et de pêche.

« Un lévrier courant sur fond de sable surmonté d'une étoile à huit raies d'or devenait l'armoirie symbolique de l'ambitieux seigneur. » [9] Sa famille, fière de lui, lui avança une partie de l'argent dont il avait besoin et l'abbé Cavelier, son frère, resta en France pour y continuer des démarches d'affaires. À bord du bateau ramenant La Salle, se trouvaient deux Récollets et, notamment, le célèbre Père Hennepin ainsi que François Dauphin de La Forest qui s'attachera désormais au sort de La Salle.

« Qu'était ce Père Louis Hennepin, Récollet, dont il sera souvent fait mention dans la suite de ce récit ? Un moine flamand né en Artois. Figure pittoresque et originale ; on sait qu'il avait pris part, à titre d'aumônier militaire, aux campagnes de Franche-Comté et de Flandre et qu'il avait été témoin de la sanglante bataille de Seneffe.

« Par ailleurs, il semble qu'il ait vécu tranquillement dans son couvent jusqu'au jour où son supérieur l'envoya à Dunkerque, selon la coutume, pour ramasser des aumônes parmi les marins qui revenaient de la pêche au hareng. Désormais, Hennepin ne rêva plus que voyages et aventures. Il écoutait avec ravissement les histoires de mer ; et comme les marins ont parfois le parler vert et qu'ils ne se souciaient guère du

8. LÉON LEMONNIER, *Cavelier de La Salle*, p. 61.
9. ROGER VIAU, *Cavelier de La Salle*, p. 36.

moine en racontant leurs prouesses, le pauvre tonsuré se cachait derrière la porte des tavernes pour entendre les propos parfois grivois des matelots. La fumée de tabac mêlée à l'odeur de bière ou d'alcool lui donnait la nausée ; la simple convenance due à son froc lui interdisait de paraître en de tels endroits, mais rien ne pouvait l'empêcher d'écouter les merveilleuses histoires.

« Ayant d'abord obtenu de ses supérieurs d'être envoyé en Hollande, il partait maintenant avec enthousiasme pour le Canada, afin de rejoindre La Salle qu'il rencontra à La Rochelle, sur le navire en partance pour la Nouvelle-France. » Sur le même bateau, voyageaient Mgr de Laval et Jacques Duchesneau, récemment nommé successeur de l'intendant Talon.

Le Père Hennepin allait, quelques années plus tard, devenir le compagnon d'expédition du découvreur. Bavard comme il s'en trouve peu, porté à l'exagération, pour ne pas dire plus, La Salle disait de lui « qu'il parle plus conformément à ce qu'il veut que de ce qu'il sait ».

Après ses voyages, il écrira deux volumes : le premier, *La Description de la Louisiane*, publié à Paris, en 1683 ; le second : *Voyage ou Nouvelle Découverte*, vingt et un ans plus tard, dix-sept ans après la mort de La Salle, en 1704. Dans ce second ouvrage, oubliant ce qu'il avait dit dans le premier, le bon Père s'attribue tout l'honneur de la fondation. « Cette ridicule prétention doit être mise au même rang que son voyage imaginaire au golfe du Mexique. » [10]

« La Salle descendit à Québec au début de septembre 1675. Le 23, il fit enregistrer ses titres de propriété du fort Frontenac et remboursa au gouverneur les dix mille livres qu'il avait coûté. Le 12 octobre, il prêta serment comme gouverneur de la redoute ; et il gagna sans plus tarder son nouveau domaine. » [11]

Anobli par le roi, il portait fièrement le costume des chevaliers, et l'épée des gentilshommes pendait à sa ceinture. Il apportait ses lettres de noblesse signées de Louis XIV et avait

10. GABRIEL GRAVIER, *Cavelier de La Salle*, p. 86.
11. ROGER VIAU, *Cavelier de La Salle*, Paris, 1960, p. 38.

son blason. De plus, nommé par ordre royal seigneur du fort Frontenac et des terres avoisinantes, il détenait la clef du commerce des fourrures dans toute la région des Grands Lacs. Dès lors, se dressèrent contre lui la camarilla des marchands et traitants du Canada, entre autres, Charles Le Moyne à qui il avait déjà vendu une partie de ses terres du village Saint-Sulpice (Lachine) et qui s'était toujours jusqu'alors montré son ami.

« La querelle s'envenima et prit des formes mesquines... les femmes s'en mêlèrent et l'on devine l'importance des ragots et des commérages, couverts et même inspirés par les plus nobles intentions. » [12] Il y eut même tentative de séduction... Ce fut l'incident Bazire [13].

Chose certaine, c'est que La Salle eut des relations d'affaires avec Charles Bazire et que ce fut entre ses mains que l'explorateur versa la somme de dix mille livres, destinée à rembourser le comte de Frontenac des frais occasionnés par la construction du fort à Kataracoui.

Le nouveau seigneur ne perdit pas son temps. Il fit démolir les murailles de bois de la vieille redoute et jeta les fondements d'une nouvelle forteresse de 3360 toises de tour ; c'était un carré à quatre bastions, dont trois des murs étaient faits de maçonnerie de pierre dure, épais d'au moins trois pieds et hauts de douze, et le reste formé de pieux. À l'intérieur de l'enceinte, il construisit une grande maison pour les officiers, un puits et une étable pour les animaux. Autour du fort, s'étendaient les terres défrichées et ensemencées, au milieu desquelles se dressait une grange pour la récolte.

« Il aménagea de superbes magasins, où il rassembla neuf petites pièces de canons, des armes, des munitions, des vivres et des marchandises. De ses chantiers, sortirent bientôt quatre barques pontées, dont deux de vingt-cinq tonneaux, une de trente et une de quarante, qui sillonnèrent le lac Ontario

---

12. LÉON LEMONNIER, *La Salle*, pp. 63-67.
13. OLIVIER MAURAULT, *La mission canadienne de Cavelier de La Salle*, p. 63.
Note : Cet incident est contredit par le Père Jean Delanglez, S.J. dans « Some La Salle's journeys », Chicago, 1938.

en tous sens ; ainsi se trouvaient réalisés et au-delà les projets de Jean Talon. »[14]

« Deux groupes d'habitation se formèrent qui devinrent bientôt deux villages : l'un comptait une douzaine de familles françaises, et l'autre, plus de cent familles sauvages. Une église fut érigée à l'intérieur du fort. Tous les chrétiens y entendaient la messe, le dimanche et, s'ils le désiraient, tous les jours de la semaine. Environ soixante personnes occupaient le fort en 1677. »[15]

Les ennemis de La Salle informés de la construction de la forteresse, répandirent, parmi les tribus iroquoises, le bruit que La Salle préparait la guerre contre eux. De plus, ils tentèrent de convaincre les colons, à Québec et à Montréal, que la redoute était une véritable provocation à l'égard des Iroquois[16].

La Salle, pour se justifier, invita le gouverneur Frontenac à venir se rendre compte par lui-même du véritable état des esprits dans les tribus avoisinant le fort. Il le pria de ne s'adjoindre qu'une petite escorte pour ne pas effrayer les sauvages et l'assura qu'il ne courait aucun danger. De son côté, le Père Allouez, de la mission de la baie des Puants, dépêcha un Indien converti, Nez-Coupé, pour suivre les événements. Après enquête, le gouverneur s'en retourna complètement rassuré.

Quelque temps après le départ de Frontenac, La Salle se sentit empoisonné par une salade, dans laquelle on avait mêlé de la ciguë ou du vert-de-gris. Il souffrit de vomissements pendant quarante ou cinquante jours et n'échappa à la mort que grâce à sa forte constitution. On découvrit le coupable, un domestique de La Salle. Celui-ci se contenta de le mettre au cachot, les fers aux pieds, pour ne pas ébruiter l'affaire.

Malgré tout, La Salle menait, au fort Frontenac, une vie de seigneur, gagnant en moyenne, vingt-cinq mille livres par année, à la traite des fourrures. Il était roi en son domaine. Il fortifia la redoute en y installant des canons.

On lui a reproché avec raison de n'avoir pas tenu ses promesses de coloniser les environs du fort Frontenac et de s'être

---

14. P. CHESNEL, *Cavelier de La Salle*, p. 74.
15. P. CHESNEL, pp. 74-75.
16. LÉON LEMONNIER, *Cavelier de La Salle*, pp. 69-70.

occupé surtout de la traite des fourrures. Le découvreur n'avait rien du défricheur et se montra même piètre commerçant. Il aurait pu vivre tranquillement dans son domaine, riche et satisfait. Mais il rêvait de conquêtes et de découvertes ; il ambitionnait surtout de trouver le grand fleuve Mississipi dont il avait entendu parler par Louis Jolliet, et de l'explorer jusqu'à la mer du sud. Il avait pris sa décision ; rien ne l'arrêterait plus dans l'exécution de son projet.

Afin de réussir une telle entreprise, il lui faut l'appui ou du moins le consentement du roi. Au mois de septembre 1677, il quitte le fort Frontenac et se rend à Québec où le gouverneur lui délivre volontiers des lettres de recommandations. Il part ensuite pour la France où il sollicite une entrevue avec Colbert, ministre de Louis XIV. Celui-ci, prévenu par les ennemis de La Salle, fait d'abord la sourde oreille. Certains traitaient l'explorateur « d'esprit chimérique, aveuglé par l'ambition, de fou incapable de distinguer la réalité du rêve, tout juste bon à mettre « aux petites maisons » [17] Mais, en France, La Salle compte de solides appuis. L'abbé Renaudot, académicien, éminent orientaliste et ami de Galinée et d'Arnauld, le présente au prince de Conti, lequel s'entremet auprès de Colbert. La Salle est finalement admis en audience par Louis XIV.

« Le seigneur du fort Frontenac avait foi en son dessein et, bien que taciturne d'ordinaire, La Salle devenait éloquent lorsqu'il s'agissait d'exposer son point de vue. Cette fois, il demandait la permission de créer à ses frais deux nouveaux établissements, l'un à l'entrée du lac Érié, l'autre à la sortie du lac Michigan des Illinois, avec la seigneurie des terres qu'il découvrirait et peuplerait. » [18]

Pour ne pas nuire au Commerce du Canada, il s'engageait à ne faire aucun trafic aux environs des lacs Nipissing, Huron et Supérieur, et près de la baie des Puants du lac Michigan [19].

La Salle plaida si bien sa cause que, le 12 mai 1678, Louis XIV lui délivrait des lettres patentes par lesquelles il permettait à l'explorateur de construire des forts aux lieux où il le

---

17. ROGER VIAU : *Cavelier de La Salle,* Paris, Mame, 1960, p. 40.
18. ROGER VIAU, *Cavelier de La Salle,* Paris, Mame, 1960, p. 10.
19. CHARLES DE LA RONCIÈRE, *Le Père de la Louisiane,* p. 19.

jugerait nécessaire à la condition de terminer cette entreprise en cinq années. Il lui accordait, en outre, le privilège du commerce des peaux de bison.

« La Salle était heureux ; non seulement il pouvait travailler à la découverte de nouveaux pays, mais encore il deviendrait sous peu le maître d'une région beaucoup plus vaste que la France, et qu'il pourrait coloniser à son gré. »[20]

Il séjourna quelque temps à Paris pour réunir les fonds nécessaires à cette vaste entreprise. Il y réussit parce que de hauts personnages de la cour le protégeaient : Colbert, son fils Seignelay, le prince de Conti. Logé, suivant son habitude, rue de la Truanderie, il fit et reçut de nombreuses visites, entre autres celle de l'abbé Renaud, dont les rapports étaient lus au conseil du roi. Des marchands, des hommes d'affaires, des parents lui avancèrent des montants considérables.

Au Canada, Frontenac lui prêta une forte somme. De plus La Salle réussit à emprunter auprès de riches marchands qui n'étaient pas encore ses adversaires. Mais bientôt ceux-ci le harcelèrent de leurs réclamations. Tous ces prêteurs ne recherchaient qu'une chose : des bénéfices. On ne saurait les en blâmer. De son côté, l'explorateur croyait de bonne foi être en mesure de les rembourser par le commerce des peaux. Mais il n'avait rien d'un traitant, l'esprit mercantile lui faisant totalement défaut.

Entre temps, La Salle, muni de lettres patentes du roi s'occupa de recruter des officiers et des compagnons de voyage. Le prince de Conti lui recommanda le chevalier Henri de Tonty, fils d'un Italien de marque, Lorenzo de Tonty, ancien gouverneur de Gaète, que des troubles politiques avaient obligé de se réfugier en France. Là, il se consacra à de grands projets financiers et il inventa un système qui porte encore son nom : la *Tontine*, lequel se termina par une faillite retentissante.

Henri de Tonty, son fils, avait servi dans l'armée du roi de France et avait eu une main emportée par l'explosion d'une grenade lors de la bataille de Libisso, en Sicile. On rapporte que, doué d'une bravoure peu commune, il se trancha lui-

---

20. LÉON LEMONNIER, *La Salle*, p. 74.

même le poignet et continua la bataille. « Fait prisonnier à Libisso, il fut six mois captif à Melazzo. Échangé contre le fils du gouverneur de cette place, il revint en France afin d'obtenir quelque bienfait de Sa Majesté, et le roi lui accorda trois cents livres. Il servait comme volontaire sur les galères quand la réforme des troupes le laissa sans emploi.. »[21] Par la suite, il se fit fabriquer en guise de main un appareil en fer qui lui valut, parmi les Indiens d'Amérique, le surnom de Bras-de-fer. Tonty s'attacha à La Salle et devint son plus fidèle et loyal lieutenant, à la fois aimé et redouté des sauvages. Il n'abandonna jamais son maître, même aux heures les plus sombres de son existence.

« Avant de quitter la France, La Salle se rendit à Rouen, saluer sa vieille mère et ses neveux qui auraient voulu le suivre. Il leur promit de les emmener à son prochain voyage. Le 14 juillet 1678, il s'embarquait à La Rochelle avec Tonty et la Motte de Lussière, un officier qui était déjà venu au Canada avec le régiment de Carignan. Il emmenait avec lui trente hommes, pilotes, matelots, charpentiers, forgerons ; il emportait des armes, des ancres, des voiles pour ses navires, des articles de troc pour la traite des fourrures. Après une traversée paisible, il arriva à Québec, le 15 septembre 1678, où il tomba malade. Il se rétablit assez tôt pour siéger, le 26 octobre de la même année, avec les notables de la colonie qui devaient discuter « la troublante question » du commerce de l'eau-de-vie avec les sauvages. « Encore une fois, selon la mode du temps, s'opposèrent le parti du gouverneur et les amis des Jésuites. Suivant le vœu de Frontenac, l'assemblée se prononça à très forte majorité pour la vente de l'alcool aux Indiens, moyennant certaines conditions. La Salle se déclara en faveur de la vente, et Jolliet contre. En vérité, l'assemblée n'avait rien réglé, car Mgr de Laval s'embarqua immédiatement pour la France, bien décidé à faire annuler la décision par le roi. Louis XIV le reçut plutôt froidement, mais, sur les conseils de son confesseur, il donna moitié raison à l'évêque qui rentra au Canada furieux de son demi-échec. »[22]

---

21. PIERRE MARGRY, *Relations et Mémoires pour servir à l'histoire de la France dans les pays d'outre-mer.*
22. ROGER VIAU, *Cavelier de La Salle,* Paris, 1960, p. 47.

4

Le Griffon

Avant de quitter Québec, le 10 novembre, La Salle réussit à emprunter de nouveaux fonds. Tout en continuant les préparatifs de son voyage au fort Frontenac, il envoya La Motte de Lussière en éclaireur avec seize hommes et un petit navire. Ils quittèrent le fort Frontenac, le 18 novembre 1678, en direction de la rivière Niagara qui se jette du lac Érié dans le lac Ontario. La Salle voulait surtout gagner la confiance des sauvages par l'annonce de son projet et en négociant avec eux. Le Père Hennepin, toujours à l'affût des voyages, faisait partie de l'expédition avec l'interprète Antoine Brassart. N'ayant emporté comme provisions de route que du blé d'Inde rôti, ils auraient souffert de la faim si des chasseurs iroquois ne leur avaient fait cadeau d'un chevreuil et d'écureuils noirs. Malgré les glaces qui se refermaient autour du navire, et qu'il fallait briser à coups de haches, les voyageurs arrivèrent sans encombre non loin des chutes Niagara.

Quel est donc ce bruit effroyable ? « Des eaux se précipitent de plus de cent soixante pieds de hauteur, en deux nappes et une cascade, avec une île en talus. Au milieu, les eaux écument et bouillonnent avec un gruit de tonnerre. Lorsque le vent souffle du côté sud, on entend le grondement de plus de quinze lieues. » Le Père Hennepin venait de découvrir les chutes du Niagara, « la plus belle chute au monde » ajoutait le chevalier de Tonty, qui arriva quelques jours plus tard.

La capitale des Tsonnontouans, Tegarondies, que la petite troupe atteignit au bout de trente lieues de marche pénible, fut le théâtre d'une assemblée solennelle, le premier jour de l'an 1679. Le calumet à la bouche, quarante-deux vieillards de haute taille, en robes de loup ou d'écureuil, sont réunis dans la cabane du grand chef, aussi graves que les sénateurs de Venise.» [1]

Parmi eux, il y a un Français que La Motte récuse comme suspect. Il n'a pas été invité à la réunion. Et les vieillards prient le Père Garnier de se retirer. Afin d'atténuer l'affront fait au Jésuite, le Père Hennepin sortit en même temps et lui tint compagnie. Alors l'interprète Brassart prit la parole : « Nous sommes venus vous visiter de la part d'Onnontio, le gouveneur des Français ; sur votre natte, nous venons fumer le calumet de paix. Le sieur de La Salle, votre ami, fera construire un grand canot de bois pour aller chercher des marchandises d'Europe par un chemin plus commode que celui des rapides du fleuve Saint-Laurent. Vous les aurez ainsi à meilleur marché.» Et pour appuyer ses paroles, La Motte déposa sur la natte des marchandises qui valaient quatre cents livres.

Une scène atroce précipita le départ de nos gens. Un prisonnier de la tribu des Hontouagahas avait été amené par des guerriers iroquois. Il fut soumis à d'effroyables tortures ; dans ses membres, les Indiens découpaient chacun un quartier de chair. De dégoût, La Motte et le Père Hennepin rejoignirent leurs camarades où ils trouvèrent La Salle et Tonty qui venaient d'arriver avec le gros de l'expédition [2].

Dès que La Salle fut arrivé à Niagara, il se rendit lui-même au village des Sénécas et, plus chanceux ou plus habile que La Motte, il réussit si bien à les convaincre qu'ils donnèrent leur consentement au projet de construction d'un vaisseau sur le lac Érié. Il chercha dès lors un endroit favorable pour y établir son chantier. Au retour d'une exploration, il apprit une mauvaise nouvelle : en son absence, son pilote, par maladresse, avait si mal piloté son navire sur le lac Ontario qu'il

1. HENNEPIN, *Voyage ou Nouvelle Découverte*, p. 85.
2. CHARLES DE LA RONCIÈRE, *Le Père de la Louisiane*, pp. 28-29.

s'était brisé sur la côte, le 8 janvier 1679. Vivres et matériels, tout avait disparu dans le naufrage[3]. Dure épreuve non seulement pour La Salle mais aussi pour ses compagnons dont le moral était bas. Plusieurs cherchaient à déserter et le découvreur soupçonnait La Motte d'être de connivence avec eux. Sur ces entrefaites, celui-ci tomba malade avec une inflammation des yeux produit par la réverbération de la neige. Il dut regagner le fort Frontenac, et La Salle n'en fut pas fâché.

Il ne se laissa pas abattre par l'épreuve. Accourant au lac Ontario, il récupéra ce qu'il put des boulons, des ferrures et outils qu'il rapporta au fort. Le petit navire qui avait transporté Hennepin et ses compagnons fut mis à sec sur les rives de l'Ontario pour éviter qu'il fût pris dans les glaces.

Le 22 janvier 1679, l'explorateur remonta la rivière Niagara et, à deux lieues en amont du saut, il choisit un terrain où, le 26 janvier, on mit en chantier une barque d'une quarantaine de tonneaux, mesurant quarante-cinq pieds de long. La Salle enfonça la première cheville dans la quille après avoir glissé dix louis d'or au charpentier, pour l'encourager. Pendant ce temps, les deux chasseurs mohicans élevaient deux wigwams d'écorce pour loger les hommes. Comme c'était la saison de la chasse, les Iroquois, trop occupés au loin, ne venaient que rarement aux environs. Pendant la construction du navire, La Salle explora l'embouchure du Niagara avec un sergent et quelques hommes. Il traça les fondations de deux redoutes destinées à protéger sa ligne de communication. Il y laissa des ouvriers pour les construire. Lui-même prit la route du fort Frontenac où il espérait se procurer des provisions pour remplacer celles perdues dans le naufrage. Il fit le trajet à pied, parcourut plus de cent lieues dans des forêts encombrées de neige, et accompagné de deux hommes seulement, tandis qu'un chien tirait les bagages sur un traîneau. Les voyageurs n'avaient pour toute nourriture qu'un sac de maïs grillé, si bien qu'ils durent marcher deux jours sans prendre une bouchée[4].

La Salle expédia immédiatement à Tonty ce qui lui man-

---

3. LÉON LEMONNIER, *La Salle*, p. 79.
4. LÉON LEMONNIER, *La Salle*, p. 80.

quait le plus. Durant cette longue absence de son chef, Bras-de-fer surveilla les travaux de construction du navire. Manquant de nourriture, les hommes murmuraient. Tonty soutint le moral pendant que les deux chasseurs mohicans rapportaient fidèlement de la venaison.

Avant son départ, La Salle avait envoyé quinze hommes en éclaireurs, chez les Illinois, pour faire avec eux le commerce des fourrures et les préparer à sa venue. Comme ils tardaient à revenir, Tonty alla au-devant d'eux, mais il ne put les découvrir et conclut qu'ils avaient déserté. À son retour, le commandant tomba victime de quelque poison et ne recouvra la santé qu'en absorbant de fortes doses d'orviétan. Dès qu'il fut remis, il poussa la construction du navire et du fortin. Le maître charpentier, Moyse Hillaret et le forgeron, surnommé La Forge, jouaient d'ingéniosité pour remplacer les pièces perdues dans le naufrage.

Les sauvages voyaient d'un mauvais œil la construction du navire. Ceux qui étaient restés au village voisin n'osaient rien entreprendre, à cause de leur petit nombre, mais ils surveillaient le chantier avec inquiétude. L'un d'eux contrefaisant l'ivrogne, tenta de tuer le forgeron, d'autres rampèrent la nuit autour du navire pour y mettre le feu. Mais leurs ruses furent déjouées par la vigilance du gouverneur. Pour en finir les Indiens résolurent de tenter un grand coup. Leurs mesures étaient si bien préparées que la colonie aurait été détruite ou au moins dispersée sans l'information d'une femme iroquoise ; celle-ci au courant du complot, ne put se résoudre à voir massacrer son amant et le prévint. Cette heureuse indiscrétion sauva la petite colonie [5].

Lorsque le vaisseau fut achevé, le Père Hennepin le bénit et le baptisa : *Griffon*. Comme figure de proue, il portait un griffon emprunté aux armes de Frontenac. Tous les hommes présents entonnèrent le Te Deum et virent avec fierté cet élégant petit navire armé de cinq canons dont les voiles gonflées semblaient des ailes d'oiseau qui frémissaient sous la poussée du vent. En attendant le retour de La Salle le vaisseau resta

---

5. GABRIEL GRAVIER, *La Salle*, p. 99.

amarré si près du littoral que, le dimanche, le Père Hennepin prêchait aux hommes groupés sur le rivage [6].

La Salle fut de retour à la fin de juillet 1679, en compagnie de deux Récollets : le Père Zénobe Membré et le Père Gabriel de la Ribourde, ce dernier âgé de soixante-quatre ans. L'explorateur paraissait triste, presque découragé. Ses ennemis de Montréal avaient circonvenu ses créanciers et prêteurs à tel point que ceux-ci avaient fait saisir toutes les fourrures accumulées au fort Frontenac. Il songea un moment à laisser Tonty poursuivre seul l'expédition mais la vue du *Griffon* lui rendit courage. La meilleure façon d'apaiser ses créanciers n'était-elle pas de découvrir le grand fleuve ? Il décida de repartir immédiatement avec ses trente hommes, non sans inquiétude car son pilote était le même qui avait causé le naufrage de son navire sur le lac Ontario, et il le soupçonnait d'être de connivence avec ses ennemis.

Les provisions rapportées par La Salle furent transportées à bord du *Griffon*. Enfin, le 7 août 1679, le navire gonflait ses voiles au chant du Te Deum, après avoir fait tonner ses cinq canons. On tira le *Griffon* dans le courant rapide de la rivière. Les trente-quatre hommes d'équipage peinèrent pour vaincre les eaux turbulentes. La Salle lui-même prit la barre et réussit à conduire le navire dans le lac Érié. Pour la première fois de leur vie, les Indiens massés sur les bords apercevaient un bateau. Le *Griffon* jaugeant quarante-deux tonneaux et armé de cinq canons avait coûté environ quarante mille francs. Il était très beau, très orné. Pour le construire, il avait fallu faire venir du fort Frontenac, à grands frais, sur de fragiles canots d'écorce, les ancres, voiles, câbles, et cinq petits canons en fonte [7].

À bord, avaient pris place trente-deux hommes d'équipage.

« La Salle avait si bien pris ses mesures que, le 7 août, malgré la force du courant, contre l'avis du pilote, il parvint à franchir la barre du lac. Le temps était beau ; sur les rives du lac Érié, les voyageurs apercevaient des prairies verdoyantes alternant avec de hautes forêts. Les troupeaux de chevreuils

---

6. LÉON LEMONNIER, *Cavelier de La Salle*, p. 81.
7. GABRIEL GRAVIER, *Cavelier de La Salle*, p. 100.

y paissaient en liberté, et les ours étaient si peu habitués aux hommes qu'ils se laissaient approcher et tuer facilement. » [8]

La Salle attteignit Détroit le 11 août, après la plus heureuse traversée, contrairement aux prédictions de ses ennemis. Il y trouva Tonty et le prit avec lui jusqu'à Michilimackinac. Malheureusement une furieuse tempête comme il s'en élève parfois sur les Grands Lacs, souleva bientôt les flôts déchaînés. Le *Griffon*, balloté de côté et d'autre, paraissait un fétu sur une mer immense. Les hommes éprouvaient le mal de mer et se recommandaient à Dieu. Seul ce mécréant de pilote s'emportait contre La Salle et jurait comme un « charretier ». Par bonheur, le vent s'apaisa et les eaux redevinrent calmes. La Salle et ses compagnons reconnurent l'île de Michilimackinac, déjà explorée par les missionnaires. Devant eux, la chapelle de Saint-Ignace et le couvent des Jésuites paraissaient de simples cabanes de bois rond. À droite, un enclos de piquets : le village des Hurons venus se réfugier auprès de la mission pour fuir les Iroquois ; de l'autre côté, une petite bourgade d'Ottawas [9].

Le 10 août, le *Griffon* abordait à l'entrée de la rivière de Détroit par laquelle le lac Huron se déverse dans le lac Érié. Là encore, le courant rapide exige des manœuvres compliquées avant d'atteindre un élargissement de la rivière qui forme le lac Sainte-Claire. Le passage au lac Huron présentait de nouvelles difficultés. Le *Griffon* se heurta à plusieurs petits canaux presque tous coupés par des battues de sable. On dut sonder longtemps avant d'en trouver un assez profond pour accommoder le vaisseau.

Le 25, dans le lac Huron, le Griffon fut assailli par une tempête épouvantable. Il n'obéissait plus au gouvernail et menaçait à chaque instant de sombrer dans le lac ou de se briser contre quelque récif. La Salle, consterné, entra dans sa chambre en disant qu'il recommandait son entreprise à Dieu. Comme il était impossible de se tenir debout sur le pont du

8. HENNEPIN, *Description de la Louisiane*, p. 42 ; ZENOBE MEMBRÉ, *Apud Christian*, Le Clercq ; TONTY, *Mémoire*, édition Margry, p. 6.
9. LÉON LEMONNIER, *Cavelier de La Salle*, pp. 82-85.

bâtiment à cause des vagues, tous se mirent à l'abri et récitèrent en particulier l'acte de contrition.

Le temps se remit au beau et un petit vent alizé du sud poussa le *Griffon* vers Michilimackinac, où il arriva le 27 août. « Le navire, entouré par une flottille de plus de cent canots d'écorce fit tonner ses bouches à feu pour célébrer son arrivée, à la grande stupéfaction des Indiens qui le baptisèrent « la forteresse flottante ». Puis, en grande pompe et portant leurs armes, les Français se rendirent à la chapelle où ils entendirent la messe. La Salle, vêtu d'un magnifique manteau écarlate doublé d'or, s'agenouilla devant l'autel et, tous l'imitant, se groupèrent autour de lui : Jésuites en soutane noire, Récollets en froc gris, coureur de bois vêtus de peaux de cuir, Indiens au corps tatoué et à la tête ornée de plumes. » [10]

Après la messe, La Salle apprit avec colère que la plupart des hommes envoyés par lui chez les Illinois commerçaient autour de Michilimackinac. Six d'entre eux avaient déjà déserté, emportant avec eux environ quatre mille livres de peaux de castor. Quatre fuyards se trouvaient à Saint-Ignace même. La Salle les fit arrêter et mettre aux fers. Les autres avaient gagné la Mission de Sainte-Marie-du-Sault. Il dépêcha Tonty avec six de ses hommes à leur poursuite avec mission de les ramener et de reprendre les marchandises encore en leur possession [11].

Comme la saison avançait — on état déjà au début de septembre — l'explorateur laissa vingt hommes à la mission pour attendre le retour de Tonty, avec ordre de le rejoindre à la rivière des Miamis (Saint-Joseph), au fond du lac Michigan. De Michilimackinac, le 12 septembre, le *Griffon* se dirigea vers la baie des Puants (Green Bay) où se trouvait la mission Saint-François-Xavier, fondée par le Père Allouez, S.J. Celui-ci était parti chez les Miamis et La Salle se félicita de ne pas le voir. « Ces deux hommes, égaux par l'énergie et la noblesse, avaient des buts trop différents pour se comprendre. L'apôtre

10. HENNEPIN, *Description de la Louisiane*, p. 65 ; ZENOBRE MEMBRÉ, *Apud Christian*, Le Clercq ; GABRIEL GRAVIER, *La Salle*, p. 108.
11. LÉON LEMONNIER, *Cavelier de La Salle*, p. 87-88.

des Ottawas ne songeait qu'à évangéliser les païens. La Salle, à l'occasion, ne dédaignait pas de s'enrichir, afin de pouvoir plus facilement explorer et acquérir des territoires immenses. » [12]

À la mission, le découvreur retrouva les quelques fidèles de son avant-garde qui avaient déjà amassé un grand nombre de peaux. Comment expédier ces pelleteries au fort Frontenac et en ramener les ferrements, les cordages et les voiles nécessaires à la construction d'un autre brigantin sur la rivière des Illinois par où il espérait atteindre le Mississipi ? un seul moyen s'offrait à lui : le *Griffon* dont les flancs débordaient déjà de précieuses fourrures. Ses compagnons essayèrent, mais en vain, de le dissuader de renvoyer le *Griffon*, se privant ainsi d'un navire dont il pourrait avoir besoin et surtout le confiant à un pilote qui avait fait preuve d'incompétence. Mais La Salle, caractère indépendant, n'écoutait personne, même pas ses plus fidèles amis. Le bateau partit donc chargé de pelleteries, avec ordre de revenir au plus tôt à l'embouchure de la rivière Saint-Joseph, où devait avoir lieu le rendez-vous général. L'explorateur le regarda s'éloigner, les yeux remplis de crainte et d'espoir.

Le sieur de La Salle résolut de renvoyer au fort le *Griffon* chargé d'une quantité suffisante de pelleteries pour calmer complètement ses créanciers ; à bord se trouvaient le pilote Luc, un commis et cinq matelots. Aussitôt le déchargement accompli, Luc devait prendre à son bord des marchandises apportées du fort Frontenac par une barque qui attendait devant la chute de Niagara et repartir pour le lac des Illinois. Le navire mit à la voile le 18 septembre 1679, avec un petit vent d'ouest très favorable [1].

Que devint le beau *Griffon* ? Personne ne le sut jamais. Les sauvages dirent avoir vu l'embarcation lutter contre la tempête et disparaître derrière les vagues [13].

---

12. LÉON LEMONNIER, *Cavelier de La Salle*, p. 87-88.
13. GABRIEL GRAVIER, *Cavelier de La Salle*, pp. 109-110.

5

Au pays des Illinois

Le lendemain du départ du *Griffon,* La Salle quittait à son tour Michilimackinac avec quatorze hommes chargés d'outils, d'armes, de marchandises et même d'une forge. Le voyage sur le lac Michigan ne fut pas heureux. Il s'éleva tout-à-coup un orage qui mit en danger les voyageurs et leurs provisions. « Les quatre canots chargés de marchandises dansaient comme des feuilles mortes sur les eaux agitées. Les vents mêlés de pluie ou de neige battaient sans répit les embarcations. Les voyageurs réussirent cependant à se jeter dans une petite anse où ils restèrent cinq jours, n'ayant pour toute nourriture qu'un porc-épic, des citrouilles et du maïs. Le 25 septembre 1679, ils se remirent en route à la clarté de la lune. Le vent les força de prendre pied sur un roc pelé. Enroulés dans leurs couvertures, ils attendirent sous la pluie et la neige, devant un petit feu qu'ils alimentaient avec des débris de bois rejetés par les vagues. Dans la nuit du 29, ils remontèrent en canots. Un tourbillon les précipita sur une pointe de rocher couvert de broussailles où ils restèrent encore trois jours et virent la fin de leurs provisions. » [1]

« Enfin, le premier octobre, après avoir pagayé une douzaine de lieues à jeun, ils arrivèrent devant un village de Poutouatamis. Les sauvages étaient sur la rive, prêts à aider à

---

1. ROGER VIAU, *Cavelier de La Salle,* pp. 52-53.

leur débarquement, mais La Salle, qui redoutait quelques désertions, fit continuer la route encore trois lieues. »[2]

La vague, devenue de plus en plus mauvaise, déferlait avec fureur et menaçait à chaque instant de briser leurs frêles esquifs sur le rivage. L'imminence du danger détermina La Salle à s'arrêter. L'abordage étant impossible dans ces conditions, l'intrépide Normand se jeta à l'eau sans aucune hésitation. Ses trois canoteurs suivirent son exemple. À eux quatre, ils soulevèrent l'embarcation au-dessus des vagues et réussirent, après une lutte énergique et pleine de périls, à la déposer sur le rivage. Les autres canots furent sauvés de la même manière. Mais le Père Hennepin, seul dans son esquif avec un mauvais rameur, faisait des gestes désespérés pour appeler au secours. La Salle se porta à sa rencontre et l'aida à toucher la rive. Puis ce fut le tour du Père Gabriel Ribourde que Hennepin dans l'eau jusque par-dessus les jambes, hissa sur ses épaules tandis que le vieux moine riait gaiement sous son capuchon[3].

À peine débarqué, La Salle remarqua des pistes fraîches dans les environs. Malgré sa recommandation de ne pas faire de bruits, l'un de ses compagnons ayant aperçu un chevreuil ne put s'empêcher de le tirer. La Salle établit son camp sur une hauteur, car il se méfiait des Indiens, et il ordonna à ses hommes de tenir leurs armes prêtes. Il posta aussi des sentinelles durant la nuit. Mais comme il manquait de provisions, il dépêcha vers le village indien trois hommes bien armés, et portant le calumet de paix. Ils trouvèrent le village vide. Les indigènes s'étaient enfuis de peur d'être attaqués par les Français. Les hommes prirent du grain dans les caches et laissèrent des marchandises en échange.

Pendant leur absence, une vingtaine de sauvages bien armés approchèrent du lieu où se trouvait La Salle. Celui-ci, n'ayant plus le calumet de paix, usa de ruse. Il s'avança vers eux avec quatre hommes bien armés puis il demanda aux sauvages ce qu'ils désiraient. Voyant leur embarras, il leur dit qu'il était

---

2. GABRIEL GRAVIER, *Cavelier de La Salle*, p. 114.
3. GABRIEL GRAVIER, *Cavelier de La Salle*, p. 115 ; LÉON LEMONNIER, *Cavelier de La Salle*, pp. 88-89.

seul avec ses quatre hommes ; il leur conseillait cependant de ne pas s'éloigner de peur d'être tués par les Français qui erraient aux alentours ; il leur assura que, s'ils restaient en sa présence, ils seraient respectés. Lorsque les trois hommes revinrent du village avec le calumet de paix, les sauvages poussèrent de grands cris de joie. Le lendemain, ils apportèrent du maïs et de la venaison.

La Salle repartit le 2 octobre, et voyagea pendant quatre jours sur le lac agité. Un soir, en débarquant, il aperçut de nouveau des traces fraîches de pas humains. Il dressa hâtivement ses tentes sur une hauteur et posta deux sentinelles pour la nuit, l'une près des wigwams, et l'autre près des canots renversés sous lesquels on avait placé les provisions pour les garantir de la pluie.

Pendant la nuit, une trentaine de Poutouatamis se glissèrent à la file le long des arbres. Comme des couleuvres, ils se coulaient à plat-ventre en faisant la chaîne jusque près des canots. Sans que personne ne s'aperçut de rien, ils dérobèrent à peu près tout ce qui se trouvait sous le canot le plus éloigné du camp.

Subitement, La Salle se réveille. Il voit des ombres remuer entre les arbres. Il alerte ses hommes et les conduit sur une éminence par où les sauvages doivent passer, Se voyant découverts, les Indiens feignent l'amitié. La Salle leur répond que ceux qui sortent ainsi la nuit n'ont d'autre but que le pillage ou le meurtre. Malgré leurs protestations, il garde cinq vieillards en otages.

Aussitôt après le départ des sauvages, on découvre le larcin. La Salle décide alors de sauver son honneur et son prestige en châtiant les coupables. Il part lui-même à la poursuite de quelque chasseur isolé. Au bout d'une demi-heure, il découvre une piste. Pistolet au poing, il rejoint le sauvage et l'amène à ses gens, après avoir appris de lui toutes les circonstances du vol. Il repart ensuite avec ses deux hommes et arrête un chef. Il lui montre de loin son prisonnier et le renvoie dire à ses camarades qu'il fera tuer leur compagnon si les Iroquois ne rapportent pas tous les objets volés.

Ceux-ci prennent la décision de libérer le prisonnier par la force. Les douze Européens voient s'avancer vers eux deux cents Peaux-Rouges vociférant leurs cris de guerre. La Salle ne se laisse pas déconcerter. Il occupe une hauteur, aligne ses hommes et, mousquets en joue, s'apprête à faire feu. Devant tant de bravoure, les Indiens hésitent et offrent de parlementer. Une palabre s'ensuit. Comme les sauvages ont déjà déchiré en morceaux la veste volée au domestique de La Salle, ils offrent en compensation des peaux de castor et les Français acceptent, heureux de s'en tirer à si bon compte.

Le lendemain, 1er novembre, La Salle poursuivit sa route, longeant la rive sud du lac Michigan jusqu'à l'embouchure de la rivière Miamis (Saint-Joseph), où il avait fixé le rendez-vous ; mais ni le Griffon ni Tonty n'étaient arrivés. On était déjà au premier novembre, et l'hiver approchait. Bientôt les rivières seraient gelées. Les hommes mouraient presque de faim et voulaient gagner le pays des Illinois avant que ceux-ci ne fussent partis pour la chasse d'hiver. Mais La Salle ne voulut rien entendre. Inexorable, il déclara que, quand même tous l'abandonneraient il attendrait Tonty et ses hommes, en compagnie des trois missionnaires et de son fidèle Nika, le chasseur mohican.

Pour occuper son monde, il fit construire, sur un plateau élevé, un magasin et un fort triangulaire, entouré de deux côtés par la rivière et coupé au troisième par un ravin profond. Sur deux hauts mats, flottait le drapeau fleurdelisé. La redoute mesurait trente pieds de long par vingt de large. Il l'appela fort Saint-Louis-des-Miamis.

« Les Français ne mangeaient que de la viande d'ours, extrêmement grasse, et en étaient dégoûtés. Ils demandaient avec instance l'autorisation d'aller tuer un chevreuil, et La Salle la leur refusait obstinément, parce qu'il était bien sûr qu'ils en profiteraient pour déserter. » [4]

Enfin Tonty arriva au bout de huit jours mais il avait laissé en arrière la moitié de ses gens qui chassaient pour se procurer de la nourriture. La Salle qui craignait les désertions, lui demanda de retourner les chercher. Tonty partit en canot avec deux hommes. Une tempête s'étant élevée, l'embarcation chavira et il dut rentrer au camp avec les deux hommes n'ayant

4. GABRIEL GRAVIER, *Cavelier de La Salle*, p. 124.

eu pour toute nourriture que des glands. Les gens restés en arrière revinrent bientôt à l'exception de deux qui s'étaient laissés séduire par la vie libre des Indiens. Mais le Griffon n'arrivait toujours pas. La Salle dépêcha deux hommes à Michilimackinac dans le but de prendre des informations. Tonty s'était rendu au Sault Sainte-Marie comme il en avait reçu l'ordre. Tant par persuasion que par menace, il avait déterminé les déserteurs à s'embarquer avec lui pour rejoindre La Salle. À trente lieues de l'embouchure du Miamis, il se trouvait sans vivres et forcé de prendre terre. Ses hommes abattirent quelque chevreuils et purent satisfaire leur faim. Leur fatigue était si grande qu'il lui fut impossible de les décider à le suivre pour rejoindre La Salle. Quant à lui, pressé de revoir son maître dont il devinait l'inquiétude, il remonta en canot avec quelques compagnons, malgré la tempête qui soufflait alors.

Les chasseurs restés en arrière, moins deux qui avaient déserté, arrivèrent presque en même temps que Tonty. Entêté dans son dessein, l'explorateur se prépara à partir sur la rivière des Miamis dont les bords commençaient déjà à se couvrir d'une mince couche de glace [5].

---

5. GABRIEL GRAVIER, *Cavelier de La Salle*, pp. 125-126 ; HENNEPIN, *Voyage ou Nouvelle découverte*, p. 175 ; TONTY, *Mémoire*, Éd. Margry, p. 47.

6

Au pays des Illinois (suite)

Le 3 décembre 1679, La Salle et Tonty avec trente-huit hommes s'embarquèrent dans huit canots. Ils remontèrent le courant de la rivière Saint-Joseph, entre deux rives dénudées et déjà recouvertes de neige. À un certain coude du cours d'eau, La Salle chercha vainement, à sa droite, le sentier de portage qui le conduirait à la rivière des Illinois. Ne le trouvant pas, il descendit avec deux hommes pour le découvrir. Un chevreuil se présenta à sa vue, qu'il blessa et poursuivit dans les bois. Il ne l'atteignit qu'après quatre à cinq lieues de course. Ses deux compagnons, ne le voyant pas revenir, rebroussèrent chemin. De son côté, La Salle, les ayant vainement cherchés, retourna rejoindre les canots. La neige qui tombait à gros flocons drus et pressés, effaçant toute trace, l'obligea à faire un long détour, de sorte qu'il n'arriva que vers deux heures de la nuit. Il tira deux coups de fusil pour avertir ses compagnons, mais personne ne lui répondit. Croyant que les canots avaient pris de l'avance sur lui, il remonta la rivière en suivant la côte. Une marche de deux à trois lieues le conduisit sur une une petite éminence où il avait perçu du feu ; ses appels étant restés sans écho, il s'approcha prudemment pour savoir de quoi il s'agissait. Il n'aperçut qu'un petit feu de broussailles à demi éteint et, sous un chêne, la trace encore fraîche d'un homme qui s'y était couché en embuscade et qui, à l'approche de La Salle, s'était sauvé.

L'explorateur l'appela vainement, puis lui cria que, pour lui montrer qu'il n'avait pas peur, il allait se coucher à sa place. Il renouvela le feu, dressa une sorte de barricade avec des broussailles et des branches sèches, de sorte que personne ne pouvait s'approcher sans faire beaucoup de bruit et le réveiller. Ces précautions prises, il éteignit le feu et dormit comme un loir, enveloppé dans une couverture sur le sol, malgré la neige qui tombait. Au réveil, il s'ébroua en secouant la neige accumulée sur lui et s'aperçut, aux traces encore fraîches, que les sauvages étaient venus deux ou trois fois, durant la nuit, jusqu'aux barricades de broussailles qu'ils n'avaient osé franchir.

Il chaussa ses raquettes et retourna sur le bord de la rivière en refaisant, en sens inverse, le chemin parcouru la veille. Enfin, il aperçut le Père Hennepin qui venait à sa rencontre avec son canot, et le conduisit au lieu où ses gens l'attendaient. Le chasseur mohican était revenu. Grâce à lui, le sentier du portage fut vite découvert et, à l'entrée, La Salle et les siens dressèrent un camp. Il faisait très froid. Hennepin alluma un feu au centre du wigwam où il se trouvait avec La Salle mais ils faillirent être brûlés vivants car, au cours de la nuit, la cabane prit feu.

À l'aube, portant canots et provisions, la petite troupe suivit le sentier qui menait aux sources de l'Illinois. Loin autour d'eux, ils n'apercevaient que la plaine recouverte de neige, avec çà et là, des arbres dénudés ou des broussailles. La Salle, méfiant, marchait devant, traçant la piste, de peur de se laisser égarer par quelque traître. On voyageait à la file indienne, chacun mettant ses raquettes dans les traces de l'autre. Un des hommes de La Salle — qui nourrissait quelque rancune contre lui — faillit l'assassiner en lui envoyant une balle dans le dos, mais un de ses compagnons abaissa le canon du fusil et n'en souffla mot à personne, surtout à La Salle. Ce n'est que beaucoup plus tard que le témoin révéla le fait.

Bientôt, ils traversèrent une sorte de savane, terrain spongieux, où les pieds enfonçaient parmi les hautes herbes et les touffes d'aulnes. Là sourdait un mince filet d'eau à peine perceptible au départ et qui, pourtant, menait directement au fleuve Mississipi : c'était l'Illinois. À quelques centaines de pieds de sa source, la rivière pouvait déjà porter des canots. Bientôt elle devenait aussi large qu'un fleuve d'Europe. Mais elle était tellement sinueuse qu'après une journée de navigation, on n'avait guère progressé plus de deux ou trois lieues, en ligne droite. De chaque côté, à perte de vue, des marais, des joncs, des aulnes.

Après quelques jours, le paysage changea. Les deux rives se prolongeaient en une immence prairie brûlée par des chasseurs indiens. Ceux-ci, en effet, lorsqu'ils donnent la chasse aux bisons, mettent le feu dans les plaines, ne laissant libres que d'étroits passages où ils s'embusquent. Ils décochent alors leurs flèches meurtrières sur les bisons qu'ils abattent par centaines.

« Ce n'était pas pour leur plaisir que les femmes allaient à la chasse. Elles avaient la tâche de dépouiller ces bêtes énormes, de les charger sur leur dos, portant jusqu'à trois cent livres de viande en plus des marmots qui s'aggripaient à leur mère pour le seul plaisir de la promenade. Les hommes, pendant ce temps, fumaient tranquillement leur pipe en attendant un nouveau troupeau ! » [1]

La plaine, vue de la rivière, ressemblait à un cimetière rempli d'ossements de bisons ; des traces de sabots, mais aucune bête visible. La chasse était finie. Enfin, par chance, les hommes de La Salle aperçurent un gros bison à moitié enlisé dans la boue. Ils le tuèrent aisément mais eurent beaucoup de peine à le sortir du sol mouvant. Enfin, à plus de cent vingt lieues du fort Saint-Louis-des-Miamis, apparut le grand village des Illinois.

Situé dans une grande plaine marécageuse et embroussaillée, sur la rive droite de la rivière, fort large en cet endroit et divisée par des îles, le village comptait quatre cent soixante cabanes. Elles étaient construites en forme de berceaux que l'on aurait recouverts de nattes, faites de joncs plats, si bien

---

1. ROGER VIAU, *Cavelier de La Salle*, Paris, 1960, p. 68.

tissées qu'elles étaient imperméables à la pluie, à la neige, au vent [2].

La Salle trouva le village désert ; tous les hommes, accompagnés de leurs femmes et enfants, étaient partis pour la chasse. Comme les Français souffraient de la faim, chacun se prit une petite quantité de maïs dissimulé dans les caches. La Salle se proposait de dédommager plus tard les Illinois. C'était le matin du Jour de l'An 1680. Tous s'offrirent mutuellement leurs vœux et se rassasièrent de sagacité insipide.

Munis d'une petite provision de maïs, les Français retournèrent à la rivière qu'ils descendirent pendant quatre jours. Ils arrivèrent non loin du lieu où campaient les chasseurs illinois. Leurs wigwams se dressaient au fond d'une anse dont la vue était masquée par une pointe de terre. Des colonnes de fumée qui s'élevaient au-dessus de ce lieu trahissaient leur présence. Ne sachant trop quel accueil lui ménageraient les Indiens, La Salle fit placer ses huit canots sur une même ligne, à la suite les uns des autres, et ordonna de se laisser aller au fil de l'eau, sans ramer, et en tenant chacun son fusil à la main. Ils purent ainsi s'approcher tout près du camp sans être aperçus. Sitôt découverts, femmes et enfants s'enfuirent pendant que les Indiens couraient aux armes dans une grande confusion. La Salle et les siens profitèrent de ce moment de désarroi pour accoster et couchèrent les Illinois en joue, mais sans tirer.

Un chef qui se trouvait de l'autre côté de la rivière, voyant que les Français ne manifestaient pas d'intentions belliqueuses, harangua les jeunes guerriers qui se préparaient fébrilement à tirer leurs flèches. Un des chefs illinois s'approcha des Français et leur présenta le calumet de paix. C'était une grande pipe à long tuyau, polie avec soin. Chaque peuplade avait son calumet, qui servait de sauf-conduit à ceux qui en étaient porteurs. La Salle prit le calumet, en tira quelques bouffées, puis le rendit au chef des Illinois qui fit de même. L'amitié était scellée.

Les Français observèrent les Illinois. « Les hommes avaient

2. LÉON LEMONNIER, *Cavelier de La Salle*, p. 98.

le nez et les oreilles percés, les cheveux coupés à l'épaisseur d'un pouce. En été, ils allaient complètement nus et se couvraient l'hiver de robes de peaux de bison, gardant la laine de la bête. Les femmes — plus modestes — étaient toujours vêtues d'une robe de bison descendant jusqu'aux genoux. Les Illinois voyageaient en pirogues creusées dans un seul arbre et capables de porter de quarante à cinquante hommes, alors que les peuplades des grands lacs n'employaient que des canots d'écorce. »[3]

« Les Illinois étaient plus légers à la course que les Iroquois ; mais ceux-ci, plus vigoureux, plus tenaces et plus braves, finissaient toujours par remporter la victoire. Les Illinois, battus cent fois pour le savoir acceptèrent avec empressement les conditions que La Salle mettait à son alliance. »[4]

Cavelier fit à ses nouveaux alliés quelques présents de tabac et de haches, mais il leur expliqua que la nécessité l'avait obligé à puiser dans leurs caches souterraines.

— Le maïs est encore dans mes canots, leur dit-il, et je suis prêt à vous le rendre ; mais je vous offre en échange les objets que voici.

Les sauvages acceptèrent avec enthousiasme et un festin suivit, accompagné de danses. Pendant ce temps, les Récollets allaient d'un groupe à l'autre, caressaient les enfants, donnaient aux femmes quelques petits cadeaux. Ils leur expliquèrent qu'ils n'étaient pas venus pour faire la guerre mais pour leur faire connaître le vrai Dieu. Les Indiens émerveillés répondaient avec enthousiasme :

— Voilà qui est bien, mon frère, mon ami ; tu as l'esprit bien fait d'avoir eu cette pensée.

De plus, ils entreprirent de frotter les jambes des Français avec de l'huile d'ours et de la graisse de bœuf pour les délasser ; ils offrirent de la viande pour apaiser leur faim, tout cela avec de grandes démonstrations d'amitié.

La Salle parla aux Illinois de son projet de construire un

---

3. LÉON LEMONNIER, *Cavelier de La Salle*, p. 100.
4. GABRIEL GRAVIER, *Cavelier de La Salle*, p. 136.

fort dans les environs et une barque pour descendre le Mississipi, mais il voulait savoir auparavant si le fleuve était navigable jusqu'à la mer. Les Illinois promirent de l'aider. Ils décrivirent le Mississipi comme étant un fleuve beau et large dont la navigation était partout facile. Ils lui nommèrent même les quatre nations indiennes établies sur son parcours et que La Salle reconnut comme étant les mêmes dont Fernand de Soto avait fait mention dans le récit de son voyage [5].

---

5. HENNEPIN, *Description de la Louisiane*, p. 141 ; *Voyage ou Nouvelle découverte*, p. 202. ZÉNOBE MEMBRÉ, *Apud Christian*, Leclercq, ch. XXI ; TONTY, *Mémoire*, éd. Margry, p. 7.

7

L'incident Monso

Le soir même de l'arrivée de La Salle chez les Illinois, pendant que lui et les siens dormaient paisiblement, un chef d'une nation voisine, appelé Monso, c'est-à-dire l'Élan, arriva au camp accompagné de cinq ou six guerriers chargés de présents : marmites, couteaux, haches, etc. Ayant convoqué les anciens en secret, il leur assura que La Salle venait de se joindre à leurs ennemis du sud, que ce Français était l'ami des Iroquois, qu'il avait construit un fort dans leur pays, etc.

Un chef illinois, qui avait assisté à l'entretien et que La Salle avait gagné par un présent de deux haches, lui rapporta la visite de la nuit. La Salle en conclut que Monso avait été envoyé par des Français car il avait donné force détails sur le fort Frontenac, situé à quatre cents lieues du pays occupé par sa tribu.

Monso avait réussi à semer la défiance chez les Illinois qui, dès le lendemain, essayèrent de dissuader le découvreur de descendre le Mississipi dont les rives, disaient-ils, étaient peuplées de nations barbares, les eaux pleines de monstres et de serpents ; en outre, la rivière était coupée de rapides et de cataractes qui tombeaient dans des précipices sans fond.

Les gens de La Salle furent fortement ébranlés par un tel discours. Alors celuiéci prit la parole :

— Je n'ai pas dormi, la nuit dernière, dit-il, et j'ai été témoin de la visite de l'Élan et de son imposture. Si vous voulez bien me le ramener, je le confronterai devant vous. D'autre part, même si ses paroles étaient vraies, je n'hésiterais pas à continuer ma route car le Dieu des Français me protège et la gloire sera d'autant plus grande que plus nombreuses les difficultés. Maintenant, faites venir Monso. Je veux, devant vous, le convaincre d'imposture. C'est une satisfaction que vous ne pouvez me refuser. »

Monso amené, « il me fut aisé, dit La Salle, de détruire toutes ces faussetés, et peu s'en fallut que ce pauvre Monso n'y demeurât pour les gages, car je lui répondis que c'était lui qui avait le serpent iroquois sous la langue, que ses camarades envoyés en ambassade n'avaient pu fumer dans le même calumet sans respirer les haleines iroquoises. Si je ne m'y étais opposé, les Illinois auraient tué ce Monso » [1].

Cette démarche de Monso découragea six des compagnons de La Salle — dont deux scieurs de long — qui prirent la fuite en emportant ce qu'ils trouvèrent à leur convenance. Avant de partir, ils mirent du poison dans la marmite des officiers. Le découvreur faillit être empoisonné. On le sauva en lui faisant boire un contrepoison que ses amis lui avaient donné en France [2].

La Salle ayant réuni les hommes qui lui restaient, leur dit : « Je croyais m'être associé à des Français, non à des assassins. Retournez dans le monde impur d'où vous sortez ; ne souillez pas de votre présence les contrées que je dois parcourir ; je veux vous épargner un crime, éloignez-vous ».

Au lieu de s'en aller, ils couvrirent sa voix d'acclamations et de protestations de dévouement. Néanmoins, dès ce moment, il fut frappé de sinistres pressentiments et crut entrevoir le dénouement sanglant de sa vie [3].

Pour occuper le reste de ses hommes, il fit construire sur une petite hauteur, un fort éloigné d'environ deux cents pas du bord de la rivière. Il le protégea d'un large fossé et l'entoura d'une palissade dont les pieux atteignaient vingt pieds de hauteur. Le fort achevé, La Salle, pour marquer sa profonde

1. HENNEPIN, *Voyage ou Nouvelle découverte*, p. 207.
2. TONTY, *Mémoires*, éd. Margry ; CHARLEVOIX, *Hist. de la Nouvelle-France*, T. II, p. 270.
3. GABRIEL GRAVIER, *Cavelier de La Salle*, p. 145 ; CHARLES DE LA RONCIÈRE, *Le Père de la Louisiane*, p. 42.

déception de la perte du Griffon et de la désertion de certains de ses hommes, appela la nouvelle redoute : fort Crèvecœur.

« À l'intérieur, écrit-il, je fis faire, dans deux angles, deux logements pour mes gens afin d'être prêts en cas d'attaque ; dans le troisième se trouvait la forge ; le logis des Récollets dans le quatrième angle ; je dressai ma tente et celle du sieur de Tonty dans le milieu de la place. »

Malheureusement, la désertion des « scieurs-de-long » rendait malaisée la construction de la barque. Mais La Salle ne se laissa pas décourager facilement. Il se mit à l'œuvre lui-même, aidé de deux hommes de bonne volonté. Ils réussirent si bien que, dans les premiers jours de mars, tout le bois fut scié, le bordage prêt et le navire en chantier. La barque devait mesurer 42 pieds de long sur 15 de large. Mais La Salle attendait vainement le fer, les cordages et les voiles que le Griffon devait lui apporter.

Il prit alors une décision extraordinaire dont il était coutumier dans les cas extrêmes. Il irait lui-même, à pied, jusqu'au fort Frontenac, éloigné de près de 500 lieues. Son voyage avait deux buts : retrouver, si possible, le Griffon, et régler ses affaires toujours en souffrance. Il hésitait cependant à partir à cause du moral de ses hommes. Un petit événement lui permit de dissiper les mauvaises impressions suscitées par Monso, dit l'Élan. Un jour, étant allé à la chasse, il tua quatre dindes. Il revenait avec son gibier lorsqu'il rencontra un jeune guerrier illinois qui paraissait fatigué et affamé.

— Mon frère blanc voudrait-il me donner à manger ? dit le sauvage.

— Volontiers, répondit La Salle, assieds-toi.

Et pendant qu'il faisait bouillir pour lui une de ses dindes, il le questionna :

— Tu parais un brave guerrier. As-tu déjà voyagé dans la basse vallée du Mississipi ?

— Plusieurs fois, répondit le sauvage.

— Est-ce vrai que ce fleuve est bordé de nations barbares, rempli de monstres et de serpents, coupé de rapides et de cataractes qui tombent dans des précipices sans fond ?

Le jeune guerrier, pendant cet interrogatoire, dévorait voracement la dinde que lui avait offerte La Salle. À mesure que sa faim s'assouvissait, il devenait plus loquace, plus enclin aux confidences.

— Mon frère a été trompé, dit-il. J'ai navigué partout sur ce fleuve, dans ma pirogue ; je t'assure que, jusqu'à la mer, il n'y a ni chutes, ni rapides, mais comme le lit devient fort large, des bancs de sable et de vase apparaissent à certains endroits et en barrent une partie.

— Merci, dit La Salle, je crois en tes paroles. Tiens, voici une hache comme gage de notre amitié, mais je te recommande de ne révéler à personne notre conversation car certains de tes frères m'ont trompé.

Le soir même, La Salle communiqua à ses hommes ce qu'il venait d'apprendre sur le Mississipi. Le lendemain, il se rendit au village des Illinois et trouva les chefs assemblés, en train de festoyer. La Salle prit place au milieu d'eux et leur dit :

« L'Être Suprême, le Dieu qui protège les Français m'a envoyé, cette nuit, une révélation au sujet du grand fleuve. »

Il répéta les détails qu'il avait appris du jeune guerrier, le nom des afffluents et de leurs peuplades. Les sauvages, assis en rond, les yeux baissés, paraissaient gênés. Alors La Salle parla avec assurance :

« Vous avez cru Monso qui vous a dit que j'étais frère de l'Iroquois ; ce sont là des paroles fausses et venimeuses. C'est vous qui avez le serpent des Iroquois comme langue puisque vous m'avez trompé. »

Les sauvages avouèrent qu'ils avaient menti et que le Mississipi était navigable jusqu'à son embouchure. « L'arrivée de deux Indiens matoutentos, curieux de voir les Français, donna un nouveau stimulant à la passion des découvertes de La Salle. Leur tribu était à une centaine de lieues à l'ouest du Mississipi. L'un d'eux avait, en guise de sac à *pétun*, un pied de cheval avec la peau de la jambe. Il avait apporté cette blague à tabac, disait-il, d'un pays situé à cinq journées du sien et dont les habitants portaient de longs cheveux et se battaient à cheval avec des lances : les Espagnols du Mexique, pensa aussitôt La Salle. » [4]

Ce témoignage et plusieurs autres reçus par la suite rassu-

---

4. CHARLES DE LA RONCIÈRE, *Le Père de la Louisiane*, p. 43.

rèrent les compagnons du découvreur. Il décida donc, en dépit de la saison, de partir pour le fort Frontenac. « On était à la fin de février. Les rivières gelées ne permettaient pas d'utiliser les canots ; la marche en raquettes à travers les forêts devenait une entreprise hasardeuse au moment de la fonte des neiges. »[5] Il confia le commandement du fort Crèvecœur à son fidèle lieutenant Tonty en qui il se fiait entièrement. Mais il voulut que, en son absence, on explorât le Mississipi en amont, de sorte que, lorsqu'il l'aurait parcouru lui-même en aval, il pût en dresser une carte complète qu'il rapporterait au gouverneur Frontenac. Il donna le commandement de cette petite expédition à Michel Accault, parce qu'il parlait plusieurs langues indigènes dont l'Illinois et celle des féroces Sioux qui habitaient la haute vallée du Mississippi. Il lui adjoignit Du Guay — dit le Picard — et le missionnaire Louis Hennepin.

Le 29 février 1680, les trois hommes partirent pour descendre l'Illinois et remonter le Mississipi, dans un seul canot chargé de tabac, de couteaux, de perles, de pacotille. Le vieux Père de Ribourde leur donna sa bénédiction.

Le lendemain, La Salle partait à son tour avec deux canots, cinq hommes, quatre Français : La Violette, Hunaud, Collin et d'Autray, et un indien chouanon, son fidèle Nika.

---

5. ROGER VIAU, *Cavelier de La Salle*, Paris, 1960, p. 63.

8

Un voyage formidable (1680)

La Salle et ses cinq compagnons quittèrent le fort Crèvecœur le 1er mars 1680, après avoir laissé le commandant de
la redoute à son brave et fidèle lieutenant Tonty.
Les voyageurs remontèrent d'abord le cours du Mississipi
et tout alla bien pendant quelques jours. Mais bientôt les
glaces apparurent. Apès un lieue de pénible navigation, ils
durent quitter la rivière devenue impraticable. La Salle fit
fabriquer deux traîneaux rustiques, sur lesquels ils placèrent
leurs embarcations et tous leurs bagages ; les hommes attelés
traînèrent le tout jusqu'au fond du lac des Illinois.

Le lendemain, surprise désagréable, la rivière était complètement gelée. Ils marchèrent durant quatre jours, à travers bois et marécages, où ils enfonçaient parfois jusqu'à
mi-jambe. Puis ils retrouvèrent le cours de la rivière et remirent leurs canots en marche. Nouvelle difficulté ; tantôt, il
leur fallait rompre la glace à coups de haches puis, à l'aide
de longues perches, disperser les glaçons, et tantôt enfoncer
jusqu'à la ceinture dans l'eau très froide, en poussant leurs
canots. Nouveau barrage. Rien d'autre à faire que de parcourir un long circuit en traînant canots et bagages sur des
marais gelés ou le long des rives embroussaillées.

Puis ils reprirent le cours de la rivière souvent coupée de
glaces. Les voyageurs devaient, de nouveau, tirer leurs canots

sur la rive. Il fallait à ces hommes une énergie surhumaine pour franchir ainsi des milles et des milles dans ces conditions. Lorsque la rivière était navigable, les voyageurs, transis, devaient lutter contre les glaces qui menaçaient à chaque instant leur frêle embarcation d'écorce. Leurs habits mouillés, collés à leur corps, comme des pieuvres, leur suçaient la chair qui frémissait de froid. Comment, dans de pareilles conditions, ne pas attraper une pleurésie mortelle ? Le soir on accostait au rivage. Vite, on allumait du feu pour se réchauffer et suspendre à une fourche de bois une marmite remplie de maïs et d'eau. À la longue, ce mets devenait insipide. Heureusement que le chasseur Nika — toujours aux aguets du gibier à abattre — variait le menu en apportant de temps à auttre une dinde que l'on rôtissait à la broche ou un morceau de chevreuil ou de bison. Et l'on s'installait pour la nuit.

Les hommes enlevaient leurs habits mouillés qu'ils étendaient près du feu que l'on nourrissait de branches mortes ; puis ils s'enroulaient dans une couverture, sous une tente improvisée ou simplement sous les canots renversés, pendant qu'on se relayait pour la garde de la nuit. Ainsi voyagèrent La Salle et ses compagnons. Le lendemain, les membres gourds, on se rhabillait et on reprenait la pénible navigation en canots.

Le 9 mars, la gelée de la nuit rendit la neige plus consistante. Les voyageurs chaussèrent leurs raquettes et parcoururent plus de sept lieues ; ils atteignirent le grand village des Illinois qu'ils trouvèrent vide. Grande fut la déception de La Salle qui avait espéré y acheter du maïs pour l'envoyer au fort Crèvecœur où Tonty manquait de provisions. Toutefois, ayant remarqué des pistes sur la neige, il alluma un grand feu de roseaux dans l'espoir d'attirer l'attention de quelque sauvage. En effet, le lendemain, deux indigènes s'approchèrent, suivis peu après de Chassagoac, le grand chef des Illinois. Celui-ci reconnut La Salle et le salua amicalement.

L'explorateur lui fit cadeau d'une couverture rouge, d'une marmite, de quelques haches et de couteaux. Puis il lui dit que Tonty et les siens, au fort Crèvecœur, avaient besoin de vivres. Il le pria donc de lui en fournir, lui promettant de le dédommager à son retour. Chassagoac fit charger de maïs un des deux canots des Français que La Salle expédia au fort Crève-cœur.

Lui et ses hommes pagayèrent tant bien que mal sur la rivière, à travers les glaçons qui se faisaient de plus en plus nombreux et menaçants. Le 18 mars, ils trouvèrent le fleuve tellement gelé qu'ils cachèrent le seul canot qui leur restait, dans une île, sous un amas de branchages, et continuèrent leur trajet à pied. À la fin de mars, le climat était encore fort rude. La terre couverte d'une épaisse couche de neige rendait la marche difficile. Durant le jour, la neige ramollissait à tel point qu'elle ne pouvait pas supporter le poids d'un homme même chaussé de raquettes. À l'essai, les pieds enfonçaient dans des marais. Pourtant, chaque homme, en plus de son propre poids, transportait, sur son dos, un énorme ballot contenant une ou plusieurs couvertures, du linge, une marmite, une hache, un fusil, de la poudre et du plomb, des articles pour le troc avec les sauvages, et des peaux de mocassins.

Ceux-ci étaient la seule chaussure qu'utilisaient Indiens et coureurs de bois. Mais en cas de parcours prolongé, une paire de mocassins en peau de bison ne durait pas plus que trois ou quatre jours. Ils marchèrent ainsi à travers les buissons, les broussailles, parfois se frayant un chemin à travers la forêt vierge, et écartant de la main les branches qui leur cinglaient la figure, parfois enfonçant dans la neige à demi fondue, ou dans les marais, les pieds plongés dans l'eau glacée. Des journées entières de misère, souvent le ventre creux, avec comme consolation, le soir, une litière de branches de sapins et, toujours, la hantise d'être, pendant leur sommeil, la proie de ces vautours d'Iroquois. Ils franchirent ainsi une plaine large de vingt-cinq lieues et longue à perte de vue, des marais, des bois ...

Le 22 mars 1680, ils arrivèrent sur le bord d'un cours d'eau rapide mais peu profond. Le lendemain, en suivant la rive, ils atteignirent l'embouchure de la rivière Saint-Joseph où ils retrouvèrent intact le fort Saint-Louis des Miamis que La Salle avait construit l'automne précédent. Ils y rencontrè-rent les deux hommes que La Salle avait envoyé à la rencontre du Griffon. Après avoir vainement cherché le navire, ils étaient revenus au fort pour attendre le retour de l'expédition. La Salle ordonna à ces deux hommes, Chapelle et Le Blanc, de gagner le fort Crèvecœur. Ils obéirent mais de mauvaise grâce. Les inquiétudes de La Salle sur le sort de son navire, augmentaient ; elles étaient d'autant plus vives que le vaisseau contenait plus de douze mille livres de pelleteries et quatre mille livres de marchandises. Aussi, se hâta-t-il de repartir.

Il passa le Miamis sur un radeau et continua sa route dans la direction du lac Érié. Lui et ses hommes durent se frayer un chemin dans la forêt tellement dense et entrelacée de ronces et d'épines qu'ils y laissèrent des lambeaux de vêtements et de chair. Ce fut comme une flagellation. Ils avaient le visage ensanglanté, tuméfié, à peine reconnaissable. Enfin, après deux jours et demi de ce supplice, ils entrèrent dans un forêt giboyeuse, territoire neutre où les tribus rivales — dans une entente tacite — ne chassaient pas. Les Français affamés firent fi du « no man's land » et abattirent quantité de bêtes : ours, cerfs ou dindes sauvages. Ils les firent rôtir à la broche et les dévorèrent ainsi, à la mode indienne, sans pain ni vin, ni aucun assaisonnement.

Mais le bruit des coups de fusils, se répercutant au loin, et les carcasses des bêtes tuées ne tardèrent pas à alerter les Indiens qui découvrirent la trace des Français. Une bande d'Ouapous les aperçut de loin, à cause de la fumée qui montait de leur camp, mais les prenant pour des Iroquois, ils s'enfuirent sans tirer une flèche, de peur d'être cernés.

« La Salle, devinant la cause de leur fuite, usa de stratagèmes pour les entretenir dans leur erreur. Chaque soir, il allumait des feux en plusieurs endroits différents, pour faire croire qu'ils étaient en grand nombre, et il peignait, sur l'écorce des arbres, des scalps, à la façon iroquoise. Ayant traversé une vaste prairie, il mit le feu derrière lui afin de camoufler sa présence par un écran de fumée. » [1]

Le 30 mars, les Français durent passer de grands marais boueux ; il leur fut impossible de dissimuler leur piste. Des

1. LÉON LEMONNIER, *Cavelier de La Salle*, p. 31.

Mascoutains découvrirent leurs traces et les suivirent durant trois jours, sans réussir à les atteindre, car les Français cessèrent d'allumer du feu, se contentant, le soir, d'enlever leurs habits mouillés et de s'enrouler dans des couvertures.

Le 2 avril, comme il faisait très froid, ils firent un foyer pour se réchauffer. Les Mascoutains aux aguets les rejoignirent. Mais La Salle avait eu soin de camper sur une hauteur, de l'autre côté d'une rivière profonde. Les sauvages intimidés par une telle assurance s'excusèrent auprès des Français qu'ils avaient pris — disaient-ils — pour des Iroquois.

Malheureusement, La Salle dut affronter un ennemi plus redoutable que les Iroquois : la maladie. Deux de ses compagnons, épuisés par les fatigues et les privations, tombèrent comme paralysés, incapables de marcher et même de se tenir debout. Ils tremblaient de fièvre et crachaient même le sang. La Salle ne voulant pas les abandonner, se mit à la recherche d'une rivière. À peu de distance de là, il en découvrit une qui allait se jeter dans le lac Érié. Il fabriqua un canot d'écorce, dans lequel on transporta les malades. Au bout de cinq jours. ils furent rétablis. Comme la rivière faisait beaucoup de détours et que, par ailleurs, elle était encombrée de troncs d'arbres, on reprit la marche à pied. La Salle ordonna à deux de ses hommes de faire un canot et d'aller à Michilimackinac pour s'informer du Griffon. Resté avec trois hommes, il construisit un radeau sur lequel il traversa la rivière, large, à cet endroit, de près d'une lieue. Il longeait les rives du lac Érié lorsque Nika, le Chouanon et un Français tombèrent malades à leur tour, ce qui obligea La Salle à fabriquer un nouveau canot, dans lequel ils arrivèrent enfin à Niagara, le lundi de Pâques, 21 avril 1680.

Les nouvelles que La Salle apprit n'étaient pas de nature à le réconforter. On lui annonça la perte, dans le golfe Saint-Laurent, d'un navire qui lui apportait de France pour plus de vingt mille livres de marchandises ; sur les vingt hommes de l'équipage, seize s'étaient noyés. Ces nouvelles le portèrent à se hâter de rentrer au fort Frontenac. Ses compagnons étant trop épuisés pour le suivre, il en choisit trois autres et continua sa marche. Ce n'est que le six mai qu'il arriva au fort

Frontenac, achevant, en deux mois, un voyage de près de cinq cents lieues, à travers des régions boisées ou marécageuses, obligé de construire successivement trois canots et de passer, sur des radeaux, six larges rivières. Lui et ses compagnons avaient dû lutter à la fois contre la nature, les sauvages, les bêtes féroces, la faim, la maladie. C'est un des plus durs parcours et l'un des exploits les plus extraordinaires accomplis par des voyageurs en aucun temps.

Au fort Frontenac, il apprit que tous ses biens et la provision de fourrures accumulées avaient été saisis par ses créanciers affamés. Malgré cette accumulation de malheurs, il ne se laissa pas abattre et se rendit à Montréal pour se défendre. En huit jours, il calma ses créanciers, et remit ordre à ses affaires. Il revint aussitôt au fort Frontenac et se préparait à gagner de nouveau la vallée des Illinois lorsqu'il vit arriver en canot deux hommes qu'il avait laissés à Pimiteoui. Ils venait, de la part de Tonty, lui annoncer la désertion des charpentiers, des forgerons, des menuisiers, et de plusieurs autres qui s'étaient enfuis avec les marchandises, les pelleteries et la plus grande partie des munitions. Comme Job, La Salle accumulait les malheurs.

Ce nouveau coup fut plus dur que tout ce qui l'avait frappé jusqu'ici ; la mauvaise fortune semblait s'acharner contre lui. Voici ce qui s'était passé : En l'absence de Tonty, commandant du fort Crèvecœur, qui était allé chercher des vivres au pays des Illinois, ses hommes avaient pillé le magasin, emporté les pelleteries, les marchandises, les munitions, et même renversé les pieux du fort qui se trouvait ainsi sans défense.

La Salle résolut d'abord de châtier les coupables. Il apprit que, après avoir démoli le fort des Miamis, pillé les magasins de Michilimackinac et du fort Niagara, ils s'étaient divisés en deux bandes ; l'une avait pris le chemin de la Nouvelle-Angleterre, par le sud du lac Ontario, tandis que l'autre, forte de douze hommes, se dirigeait par le nord sur le fort Frontenac pour l'y surprendre dans un guet-apens, et se débarrasser de lui.

Le deux août, vers quatre heures, il aperçut deux habitants

du fort Frontenac, partis pour la chasse. Ils lui dirent qu'ils avaient rencontré les déserteurs et avaient ramé de jour et de nuit pour l'en avertir. Ils ajoutèrent qu'ils ne pouvaient être loin. La Salle dressa aussitôt un plan de chasse à l'homme. À une partie de ses gens, il ordonna de garder les principaux passages de la côte orientale, au cas où les déserteurs lui échapperaient pendant la nuit. Avec les autres, il se dirigea en canot vers une longue île que, selon toute vraisemblance, les fugitifs devaient longer. Il laissa une barque montée de cinq hommes bien armés pour surveiller le côté sud, tandis que lui-même, avec trois autres compagnons, alla se poster dans le détroit, derrière une pointe de terre. Il ne tarda pas à apercevoir deux canots, assez éloignés l'un de l'autre, qui venaient dans sa direction. Ayant reconnu les fuyards, il fit ramer droit au premier canot tandis qu'il se tenait debout, le fusil à la main. Avant qu'ils eussent le temps d'esquisser le moindre geste de désistance, il les coucha en joue et leur intima l'ordre de se rendre. Ils le firent sans résistance. Quant au second canot, il fut capturé encore plus facilement. On conduisit les sept captifs, sous bonne escorte, jusqu'au fort où ils furent jetés en prison, en attendant leur jugement par le compte de Frontenac. La Salle apprit d'eux que cinq autres de leurs compagnons devaient arriver le lendemain. En effet, le 4 août, vers six heures du soir, il les aperçut au loin, mais lui-même fut reconnu. Il leur donna la chasse et les serra de si près qu'ils durent gagner le rivage. Une fois à terre, ils s'embusquèrent derrière les arbres, prêts à faire feu.. Ne voulant pas exposer inutilement la vie de ses hommes, La Salle envoya quatre d'entre eux chercher, le long de la côte, un endroit favorable pour débarquer ; ils devaient ensuite revenir à pied et prendre les rebelles entre deux feux. La nuit les surprit dès qu'ils eurent gagné le rivage. Impossible, dans l'obscurité, de retrouver les déserteurs. Les envoyés décidèrent de revenir près de La Salle. Bientôt, ils entendirent le clapotis d'un canot qui ne pouvait être autre que celui des fuyards qui s'étaient réembarqués à la faveur de la nuit. Les hommes de La Salle leur crièrent de s'arrêter et de se rendre ; mais voyant qu'ils avaient pris les armes et se disposaient à tirer, eux-mêmes déchargèrent leurs fusils sur eux. Deux d'entre eux tombèrent mortellement atteints, les autres se rendirent et allèrent rejoindre leurs complices dans les cachots du fort Frontenac.

La Salle partit ensuite à la recherche des huit autres qui s'étaient enfuis par le sud du lac Ontario pour gagner la Nouvelle-York. Le vent lui étant contraire, il ne put les atteindre. Ainsi finit l'aventure des déserteurs du fort Crèvecœur. Quant au Griffon, on n'en retrouva trace nulle part. Ou bien il avait fait naufrage avec tout l'équipage, ou bien il avait été attaqué et détruit par les Iroquois [2].

---

2. LÉON LEMONNIER, *Cavelier de La Salle*, pp. 127-137.

9

Les aventures du Père Hennepin (1678-1681)

La veille du départ de La Salle, le 29 février 1680, le Père Louis Hennepin, Récollet, et ses deux compagnons, Michel Acault et Du Guay quittèrent le fort Crèvecœur, dans le but d'explorer le haut Mississipi, suivant la mission que leur avait confiée l'explorateur. D'autres blancs les avaient déjà précédés au pays des Sioux. En effet, Du Lhut parcourait déjà la région depuis plus d'un an. Cavelier, en dépêchant ses trois compagnons, avaient, comme arrière pensée, de devancer les découvertes de son rival.

Ce Du Lhut, de son nom complet, Daniel Greyselon Du Lhut, le plus célèbre coureur de bois d'Amérique, comparable à Pierre Radisson lui-même, n'était pas le premier venu. Il avait pour cousin le chevalier de Tonty, compagnon de La Salle, faisait partie du personnel du gouverneur Frontenac. Né à Saint-Germain en 1636, il avait donc, à l'époque où nous sommes, environ quarante-trois ans.

Protégé par Frontenac, il obtint facilement la permission verbale d'explorer le pays des Sioux où nul blanc n'avait encore pénétré et d'y faire le commerce des fourrures. Aucune lettre patente ne lui fut délivrée, de sorte que Du Lhut se trouvait, de fait, un hors-la-loi, un coureur de bois qui enfreignait les édits royaux. Accompagné de sept Français et de trois Indiens, il quitta Montréal le 1er septembre 1678, au moment où La Salle, rentré de France, se trouvait au fort Frontenac et préparait sa grande expédition.

Du Lhut parcourut en canot les Grands Lacs jusqu'à l'extrême pointe du lac Supérieur. Il continua son voyage à pied et, le 2 juillet 1679, il était accueilli au principal village des Sioux. Tout en chassant et commerçant, il poursuvit sa route, découvrit et nomma la rivière Saint-Louis, en suivit le cours jusqu'au lac des Sables. Il trouva le lac où le Mississipi prend sa source, et descendit le long du fleuve. Il aperçut des chutes, remarqua un élargissement de la rivière, puis regagna Fond-du-Lac pour hiverner.

Frontenac lui avait donné secrètement la mission de gagner aux Français les tribus qu'il visiterait. Du Lhut, très estimé des sauvages qui le considéraient comme un chef, réunit à Fond-du-Lac des représentants des Sioux et de leurs ennemis. Grâce à son prestige et à son habileté, il réussit à les réconcilier. Il fit plus, il attira du côté des Français le commerce que les sauvages faisaient avec les Hollandais d'Albany et les Anglais de la Nouvelle-Angeterre. En un mot, il fut un habile diplomate et comme un ambassadeur de Frontenac.

Un homme d'une telle envergure et d'une audace incroyable ne pouvait plaire à La Salle, d'autant moins que Du Lhut se moquait des lois. À son retour de Montréal, celui-ci s'arrêta au fort Frontenac alors que Cavelier s'y trouvait pour régler ses affaires et, qu'au sud du lac Érié, se construisait le Griffon. Les deux rivaux se dirent des paroles peu aimables. La Salle reprochant à Du Lhut d'attirer à lui ses hommes par des moyens déloyaux. Le découvreur savait que certains de ses compagnons avaient rejoint l'aventurier.

En juin 1680, Du Lhut repartit avec deux canots montés par quatre Français et un sauvage. Il hiverna aux environs de Fond-du-Lac et chassa avec les Sioux et leurs ennemis, qu'il avait réconciliés. « Grisé par sa popularité parmi les Sioux, qui le portaient en triomphe, il traversa une véritable crise d'indépendance. Au lieu de rentrer à Québec, suivant les instructions de Frontenac, il demeura dans les bois avec une bande d'aventuriers dont il se proclama le chef. De là, il défia le Gouverneur et le Grand Prévost. Grâce à lui, les coureurs de bois, jusque là isolés, prirent de l'audace. »[1]

---

1. LÉON LEMONNIER, *Cavelier de La Salle*, p. 115.

Au printemps, la fièvre des voyages le reprit. Il remonta une rivière où, pour se frayer un chemin, il dut abattre des arbres et rompre une centaine de chaussées de castors. Un sentier de portage, qu'il découvrit, le conduisit dans un lac qui se déchargeait dans la rivière Sainte-Croix. Par cette rivière, il atteignit le Mississipi. Il prit contact avec les sauvages qui lui apprirent que trois Français étaient prisonniers chez les Sioux. Du Lhut résolut de les délivrer et descendit en hâte le Mississipi jusqu'à l'embouchure du Wisconsin. Là, il fit la rencontre du Père Hennepin et de ses compagnons qui lui contèrent leurs aventures.

Comme nous l'avons déjà dit, Michel Accault, accompagné de Du Guay (Le Picard) et du Père Hennepin, Récollet, avaient quitté le fort Crèvecœur, le 29 février 1680. Leur canot transportait mille livres de denrées et de marchandises. Ils suivirent d'abord le cours de l'Illinois, sans incident. Le gibier abondait et ils tuèrent à volonté, bisons et chevreuils, « faisant bonne chère, quoiqu'on fut en carême » [2]. Mais le Père Hennepin rachetait tout cela, semble-t-il, par son exactitude à réciter le bréviaire. Il ne manquait d'ailleurs pas de se recommander fréquemment à saint Antoine de Padoue, son saint privilégié, pour qu'il le préservât de tout danger.

Le 7 mars 1680, ils débouchèrent dans le Mississipi et entreprirent de le remonter. Une bande d'Illinois qu'ils rencontrèrent tentèrent de les dissuader en leur disant que la nation des Sioux était féroce et cruelle, et qu'ils s'exposaient à être torturés. Mais les voyageurs ne tinrent pas compte de leurs avis, qu'ils jugèrent exagérés, et passèrent l'embouchure du Wisconsin.

Le 11 avril, arrêt forcé pour la réparation des canots. Un feu est allumé. La fumée qui monte révèle aux Iroquois la présence des Français. Pendant que le Père Hennepin, muni d'un large pinceau, goudronnait la coque d'un canot et que les deux autres Français, Michel Accault et Du Guay, s'affairaient autour d'une marmite où rôtissait une dinde, une bande de cent vingt Sioux, nus et tatoués, apparurent sur le fleuve. À la

---

2. On ne saurait faire un crime à ces voyageurs de ne pas jeûner. Qu'on pense aux fatigues incroyables de telles pérégrinations.

vue des trois Français, ils poussèrent leurs cris de guerre et, après avoir accosté, les cernèrent. Accault tendit le calumet de paix qu'un sauvage lui arracha violemment des mains ; Hennepin ouvrit alors un coffret et en sortit des paquets de tabac de la Martinique, qu'il leur offrit. Le cadeau fut accepté.

« Les Sioux, barbouillés d'argile blanche et de vermillon, ou enduits de graisse d'ours et de charbon de terre, étaient commandés par des chefs qui donnaient leurs ordres en sifflant dans l'os d'un dindon sauvage. Ils répétaient constamment le mot « Miamis » donnant à entendre par là qu'ils partaient en guerre contre cette tribu. »[3]

Le moine Hennepin prit un bâton et dessina sur le sable un croquis pour expliquer aux sauvages ce qu'il avait appris à fort Crèvecœur à savoir que les Miamis avaient traversé le fleuve et se trouvaient maintenant hors d'atteinte. À cette nouvelle qui anéantissait leurs projets, trois ou quatre anciens parmi les Sioux posèrent la main sur la tête du moine en poussant des lamentations. Mais ils constituèrent prisonniers les trois Français ; ils les forcèrent à traverser avec eux le fleuve, les suivant dans leurs canots et poussant des hurlements de bête fauve.

Sur l'autre rive, ils dressèrent leurs tentes et, suivant la coutume indienne, s'assirent en rond pour discuter le sort des prisonniers. Deux d'entre eux revinrent trouver Hennepin et lui expliquèrent par signe ce qui l'attendait. Il aurait la tête assommée d'un coup de tomahawk. Le moine, effrayé, se précipita vers son canot et revint les bras chargés de présents qu'il jeta au milieu du cercle des chefs. Ceux-ci parurent apaisés.

Hennepin et ses deux compagnons, Accault et Du Guay, ne fermèrent pas l'œil de la nuit ; ils songeaient aux traitements qu'ils subiraient le lendemain. À l'aube, un jeune chef s'approcha d'eux et demanda le calumet qu'il se mit à fumer ; il le fit circuler entre les vieillards en expliquant que, puisque les Miamis étaient au loin, les Sioux n'avaient plus qu'à rentrer chez eux. En même temps il dit aux trois Français de le suivre.

---

3. LÉON LEMONNIER, *Cavelier de La Salle*, p. 116.

Ceux-ci échappaient ainsi à la mort car le jeune Indien venait de convaincre l'assemblée.

Heureux de ce revirement soudain, Hennepin ouvrit son bréviaire et se mit à marmotter des psaumes. Aussitôt les Sioux l'entourèrent, le visage menaçant. Ils prirent le moine pour un sorcier et, croyant à quelque incantation, crurent qu'il voulait leur jeter un mauvais sort. Accault, qui n'était pas très dévot, donna un coup de coude au moine, le priant de bien vouloir cesser ses prières. Mais Hennepin, têtu, changea d'attitude ; le livre ouvert sur ses genoux, il se mit à chanter les psaumes à haute voix. Devant tant de hardiesse et de franchise, les Sioux cessèrent de croire à la magie et pensèrent que le moine chantait pour les ravir.

Le lendemain, les Sioux remontèrent le fleuve. Le canot des Français se trouva entouré de pirogues sauvages, autant pour empêcher toute escapade que pour les aider dans les passages difficiles. Les Indiens pagayèrent plusieurs jours, s'abritant sous leurs huttes, quand il pleuvait, dormant à la belle étoile, lorsqu'il faisait beau.

Un jour, un vieux chef tua un ours et invita ses compagnons à partager le festin. Une fois repus, les Sioux exécutèrent la danse de la médecine. Peints de la tête aux pieds, la chevelure graissée, garnis de plumes rouges et blanches, les poings sur les hanches, ils se livrèrent à des contorsions frénétiques, en frappant le sol avec violence. Le vieux chef Aguepagustin, qui avait perdu un fils à la guerre, réclamait en compensation, l'un des prisonniers. Il posa la main sur la tête de Hennepin et prononça une harangue véhémente. Il portait constamment sur lui les ossements desséchés de son fils, enveloppés dans des peaux ornées de pointes de porc-épic et teintes de couleurs vives.

Les Français se tenaient constamment auprès du jeune chef, leur protecteur, car ils craignaient Aguepagustin. Ils durent même, pour l'apaiser, lui donner vingt-quatre haches et toute une caisse de marchandises.

Les Sioux continuaient à remonter le Mississipi avec leurs trois prisonniers. À mesure qu'ils avançaient, les deux rives se rétrécissaient. On n'apercevait plus que prairies coupées de bosquets. Ils traversèrent le lac Pépin, déjà reconnu par

Du Lhut ; dix-neuf jours après la capture des Français, les Sioux atteignirent une chute du Mississipi, haute de trente à quarante pieds, que Hennepin baptisa : Saint-Antoine. Il remarqua que le fleuve était plus étroit qu'ailleurs et contenait un îlot en son milieu. Le moine aperçut un Indien, grimpé dans un arbre, qui harangua le Grand-Esprit de la cataracte, à qui il offrit une robe de castor accrochée aux branches.

Les Sioux décidèrent alors de rejoindre par terre leur village situé à soixante lieues de là. Ils forcèrent les Français à leur donner le reste des haches, qu'ils se partagèrent. Deux jours plus tard, ils s'emparèrent de deux caisses de marchandises et, s'étant querellés au sujet du partage, ils se divisèrent en deux bandes. Un groupe emmena les trois Français, leur promettant de les indemniser, une fois rendu à leur village.

Bien qu'au début de mai, il gelait la nuit et les marais étaient, le matin, couverts de glace. L'eau en était si froide que le moine Hennepin en avait, dit-il, les jambes coupées en les traversant. Parfois, il fallait passer à la nage des rivières glaciales.

Un groupe de jeunes Sioux, pour se moquer de Du Guay, le poussèrent devant eux et le forcèrent à chanter. Il leur obéit, à sa grande honte, car seuls des esclaves indiens chantent en approchant d'un village.

Lorsque le moine Hennepin entra dans le bourg, il aperçut, sur la place, des poteaux plantés en demi-cercle, près desquels on avait placé des bottes de paille. Il en conclut qu'il ne tarderait pas à être brûlé. Les Sioux se partagèrent alors les captifs. Hennepin passa dans le groupe du vieux chef Aguepagustin qui pleurait son fils tué à la guerre. Il le choisit, non pour sa bonne mine, mais à cause des vêtements sacerdotaux contenus dans ses bagages et dont la couleur brillante excitait sa convoitise. Dans son imagination, le calice doré était le siège d'un grand esprit et la chasuble, la robe du soleil.

Les Trois Français, en se séparant, crurent qu'ils ne se reverraient jamais. Du Guay se confessa au moine mais Accault, « tête de bois », refusa les secours de la religion. Du Guay, le visage tatoué et la tête ornée de plumes blanches, fut encore contraint de chanter en s'accompagnant d'une gourde sèche remplie de cailloux. On fit asseoir les trois Français ; on leur offrit, comme festin d'adieu, du maïs sauvage bouilli et des myrtilles, dans des plats en écorce de bouleaux.

Le repas terminé, Hennepin partit avec son père adoptif, le vieux chef ; ils arrivèrent au Mille Lac, où ils furent accueillis par les cinq épouses du chef [4], qui vinrent les chercher en canots et les transportèrent dans une île. Comme le moine était fatigué, on lui fit prendre un bain de vapeur. On l'enferma dans une petite hutte hermétiquement fermée, les pieds sur des pierres chaudes placées au milieu. On versa de l'eau sur les pierres pour faire de la vapeur. Ensuite, un jeune garçon enduisit de graisse le corps du moine.

Le chef lui donna son écuelle d'écorce de bouleau et lui présenta ses femmes qui, lui dit-il, deviendraient ses mères. L'un de ses nouveaux frères portait, enveloppés dans la chasuble du moine, les ossements du fils mort, au grand scandale du Récollet.

Les Sioux respectèrent Hennepin car il avait au cou une boussole et un pot de métal dont les pieds représentaient une gueule de lien. Croyant à des fétiches, ils n'y voulaient point y toucher sans les avoir enveloppés d'une peau de castor [5].

Au bout de quelques semaines, les Sioux partirent pour la chasse au bison emmenant femmes et enfants. La bande se composait d'environ deux cent cinquante guerriers ; ils descendirent la « Rum River » qui débouche du Mille Lac. Mais ils avaient oublié Hennepin ; resté en panne sur le rivage, il vit passer ses compagnons Accault et Du Guay, dans leur canot. Il leur fit des gestes désespérés et leur cria de venir le chercher ; ceux-ci, au lieu de s'arrêter, lui répondirent qu'ils l'avaient assez promené dans leur canot. Deux Sioux plus compatissants — deux bons Samaritains — le recueillirent. Quand le Père retrouva les deux Français au camp, Du Guay lui présenta des excuses mais Accault lui fit la moue. Il n'aimait pas les moines, surtout il n'aimait pas Hennepin.

Les Sioux avaient atteint le Mississipi. Ils se construisirent des tentes de peaux ou des wigwams. Hennepin et Du Guay, pressés de rejoindre les Français, demandèrent et obtinrent la

4. Les Indiens d'Amérique pratiquaient la polygamie.
5. LÉON LEMONNIER, *Cavelier de La Salle*, pp. 113-127.

permission de partir, mais Accault préféra rester chez les Sioux.

Le Père et son compagnon n'ayant à eux d'eux qu'un fusil, un couteau et une robe de castor, franchirent, en canot d'écorce, soixante lieues. Comme nourriture, des tortues abondantes en ces lieux. Afin de gagner plus sûrement le Wisconsin, et peut-être aussi de manger à leur faim, Du Guay et Hennepin accompagnèrent une bande de Sioux à la chasse. Ils firent abondante provision de bisons et de chevreuils. Un jour, deux vieilles squaws apportèrent la nouvelle que cinq Français avaient été vus dans le voisinage. Malgré sa hâte de les rejoindre, Hennepin patienta. Quand les Sioux remontèrent plus au nord, ils rencontrèrent les cinq Français dont on leur avait parlé. C'était Du Lhut et ses compagnons. Ils suivirent les sauvages jusqu'au Mille Lac où on fit un festin en leur honneur.

Du Lhut se méfiait des Sioux. Il décida de rejoindre la mission des Jésuites pour y passer l'hiver. Le chef des Indiens traça aux Français, sur un papier d'écorce, la route à suivre pendant quatre cents lieues. Par la rivière Saint-François et le Mississipi, ils arrivèrent au Sault Saint-Antoine de Padoue. Là, deux compagnons de Du Lhut s'emparèrent de deux robes de bisons offertes par des indigènes à l'Esprit de la cataracte. Du Lhut les réprimanda mais inutilement.

En continuant leur route par le Wisconsin et la Rivière-aux-Renards, les voyageurs arrivèrent à la mission Saint-François-Xavier, dans la baie des Puants, (Green Bay) où Hennepin, un peu gêné, demanda l'hospitalité au Père Allouez. Le Jésuite le reçut fort cordialement. Après quelques jours de repos, les explorateurs partirent pour Michilimackinac, où ils durent hiverner.

Du Lhut eut le temps de réfléchir. Il se rendit compte qu'il n'était pas suffisamment protégé par Fontenac, dans cette entreprise. Ses ennemis, surtout La Salle, le traitaient d'aventurier, de chef de parti, bien qu'il n'eût jamais plus de huit hommes avec lui. Le printemps venu, il se rendit à Québec pour se justifier.

Il quitta Michilimackinac le 29 mars 1681, accompagné du moine Hennepin et de deux autres Français. Traînant sur la glace leur canot et leurs vivres, ils réussirent, non sans peine, à rejoindre les premières habitations.

Frontenac, dès qu'il connut l'arrivée de Du Lhut, le fit mettre en prison pour la forme, car il l'admettait à sa propre table. Trois mois après, heureusement, le roi accordait une amnistie à tous les coureurs de bois.

De son côté, le Père Hennepin gagna d'abord le fort Frontenac. Les Récollets, ses confrères, l'accueillirent avec joie, car le bruit courait que les Indiens avaient pendu le Père en lui passant au cou la ceinture qui lui ceignait les reins. Puis, un jour, Hennepin, seul dans son canot, pagaya vers Montréal. Frontenac, qui se trouvait dans une maison, sur le rivage, se penchant par hasard à la fenêtre, aperçut le moine dans son canot. Malgré son teint bronzé et sa robe toute rapiécée avec du cuir de bison, il fut reconnu par le gouverneur qui envoya quelqu'un à sa rencontre.

Le moine amusa tellement Frontenac par le récit de ses aventures racontées de façon fort humoristique, que le gouverneur le garda douze jours avec lui. Puis Hennepin rentra en France où il publia, en 1683, le récit de ses étonnantes aventures. Ce fut un succès de librairie [6].

Son récit est sujet à caution. « Bien qu'il eût admis n'avoir jamais navigué jusqu'à l'embouchure du Mississipi, il osa plus tard, s'en attribuer la découverte, avant La Salle, et contre le gré de celui-ci. Il n'hésita pas à plagier les propres relations du grand explorateur et celles de son compagnon, le Père Zenobe Membré, de même que l'ouvrage du Père Christian Le Clerc. En 1699, il voulut revenir au Canada, mais le roi le lui défendit formellement. » Il mourut pauvre et ignoré, en Espagne [7].

---

6. HENNEPIN, *Description de la Louisiane*, 1683.
7. F.-X. GARNEAU, *Histoire du Canada*, p. 56 ; LÉON LEMONNIER, *Cavelier de La Salle*, p. 113-127.

10

Tonty chez les Illinois

Nous avons laissé le fidèle Tonty au fort Crèvecœur après la désertion de plusieurs de ses hommes et le saccage de sa redoute.

Lorsque La Salle quitta le fort, le 1er mars 1680, il n'y laissait comme garnison que quinze personnes avec Tonty : deux moines, les Pères Gabriel Ribourde et Zénobe Membré, Récollets, l'officier Boisrondet, trois charpentiers de barque, un forgeron et quatre soldats. Le découvreur avait d'ailleurs promis à Tonty qu'il lui enverrait du renfort dès qu'il le pourrait.

An fort Saint-Louis des Miamis, à l'embouchure de la rivière Saint-Joseph, il rencontra deux de ses hommes : Chapelle et Le Blanc qu'il avait d'abord envoyés à Michilimackinac, à la rencontre du Griffon. Ceux-ci lui ayant dit qu'ils n'avaient pas vu le navire et qu'il avait probablement péri dans un naufrage, La Salle enjoignit aux deux Français de rejoindre Tonty. Ceux-ci obéirent quoique de mauvaise grâce.

À leur arrivée au fort Crèvecœur, ils n'eurent rien de plus pressé que d'annoncer à leurs camarades la perte du navire. Ils ajoutèrent que La Salle lui-même était ruiné, puisque ses créanciers avaient saisi toutes les fourrures accumulées au fort Frontenac. « Comme leur chef leur devait plus de deux ans de salaire, parce que La Salle évitait toujours de les payer avant leur retour, pour ne pas leur donner la tentation de déserter, on imagine leur colère en apprenant qu'ils ne toucheraient pas leur dû. » [1]

Chapelle et son copagnon remirent à Tonty une lettre de La Salle, lui demandant de construire, sur une hauteur voisine, sorte de falaise dominant le village des Illinois (The Starved Rock), un nouveau fort. Or, pendant que Tonty s'était éloigné pour examiner la falaise et s'approvisionner chez les Illinois, les deux envoyés fomentèrent la révolte. Les rebelles s'enfuirent après avoir saccagé le fort, volé la poudre, le plomb, les fourrures et les vivres. Ils firent une brèche dans la palissade et renversèrent les pieux. Avant de partir, ils gravèrent sur le bord de la barque en construction, les mots que La Salle lut par la suite, sans trop en comprendre le sens : « Nous sommes tous sauvages, ce 3 avril 1680 ». Ils voulaient probablement signifier par là qu'ils reprenaient leur liberté et qu'ils vivraient à la façon des sauvages, c'est-à-dire en coureurs de bois. On voit, par cette façon d'agir « quel attrait exerçait, chez ces gens, la vie voluptueuse et pleine d'aventures des sauvages. Les déserteurs se rendirent au fort des Miamis et le démolirent, après l'avoir pillé. Remontant ensuite à Michilimackinac, ils y volèrent toutes les pelleteries laissées en dépôt par La Salle ». [2]

Tonty avait à peine esquissé le tracé du nouveau fort au Starved Rock, lorsqu'il apprit la désertion de ses compagnons. Il resta dans le fort Crèvecœur à demi démoli avec seulement neuf hommes : son serviteur l'Espérance, le vieux Père Gabriel Ribourde, le Père Zénobe Membré, Boisrondet, jeune officier, et cinq autres Français. Les moines ne portant jamais les armes, sauf à la chasse, il restait en tout sept combattants si dépourvus de munitions que chacun n'avait plus que trois coups à tirer.

« Dénué de tout, écrit Tonty, à la merci des sauvages, avec deux Récollets et trois Français récemment arrivés de France,

1. LÉON LEMONNIER, *Cavelier de La Salle*, p. 159.
2. ZÉNOBE MEMBRÉ, *Premier établissement de la foy*, cité par Christian Leclercq.

je ne pus que dresser des procès-verbaux et les envoyer à M. de La Salle. »

Il dépêcha quatre hommes par deux chemins différents pour mettre son chef au courant de la situation. Nous avons vu comment les déserteurs furent « cueillis » par La Salle et ramenés au fort Frontenac pour y être jetés en prison. D'autre part, l'explorateur, la nouvelle reçue, exhorta son fidèle compagnon à prendre courage et à l'attendre de pied ferme. Le vaillant officier qu'était Bras-de-fer comprit que sa position devenait extrêmement critique.

Malgré tout, Tonty tint tête à la mauvaise fortune et encouragea les hommes qui lui restaient en leur promettant un prompt secours. Il se rendit ensuite au camp des Illinois, leur fit valoir les avantages qu'ils allaient retirer du prochain retour de La Salle, leur apprit le maniement des armes à feu, leur construisit même un fortin. Il fit si bien, en somme, qu'il les maintint vis-à-vis de lui dans les mêmes termes qu'auparavant [3]. Mais le brave Tonty n'était pas au bout de ses déboires.

« Les Iroquois, en effet, se préparaient à porter la guerre chez les Illinois. Tonty habitait alors un village où il s'était retiré après la désertion de ses hommes, afin d'être plus en sécurité. Un jour, un Chouanon, allié des Illinois, qui avait quitté le village, traversa la rivière en toute hâte pour revenir. Il avait aperçu une armée de cinq à six cents guerriers iroquois, à deux lieues seulement du camp. La terreur fut d'autant plus grande chez les Illinois que la plupart des hommes étaient partis à la chasse, malgré les avertissements de Tonty qui leur signalait le danger. À peine restait-il au village cent hommes ne pouvant tirer chacun que quatre à cinq balles, faute de munitions, et quelque cinq cents guerriers munis de flèches et de tomahawks. Les Iroquois, étaient tous armés de fusils, de pistolets et de sabres. Ils portaient des boucliers et même des plastrons ou cuirasses de cuir ou de bois. De plus, une centaine de Miamis s'étaient joints à eux.

« Les Illinois croyant que les Français s'étaient alliés avec les Iroquois accusèrent Tonty de trahison. Celui-ci pour leur prouver sa bonne foi, leur conseilla de se mettre en état de

---

3. LÉON LEMONNIER, *Cavelier de La Salle,* pp. 160-161.

défense et leur promit de combattre au milieu d'eux s'il ne parvenait pas à décider les Iroquois à quitter le pays. » [4]

Les Illinois, après un mouvement de stupeur et sur le conseil de Tonty, songèrent à se défendre. Durant la nuit, ils firent embarquer sur des pirogues, les vieillards, les femmes et les enfants, avec une provision de maïs et des objets précieux. Sous la protection de cinquante à soixante guerriers, ils gagnèrent une presqu'île rendue inaccessible par des marais pleins de boue.

Les Illinois détruisirent ou jetèrent dans la rivière tout ce que Tonty avait apporté au village : la forge, les outils, les marchandises et plus de vingt mille livres de castor. Toute la nuit, pour se donner du courage, les guerriers, suivant leur coutume, chantèrent et festoyèrent. Le lendemain, ils dépêchèrent quelques éclaireurs pour connaître le nombre des Iroquois. Ayant aperçu un homme vêtu d'un justaucorps noir, avec un chapeau et des bas de la même couleur, ils crurent que c'était un Jésuite, alors qu'en réalité il s'agissait d'un chef iroquois qui avait revêtu cette défroque volée on ne sait où. Les éclaireurs revinrent en disant :

— Les Français sont des traîtres et les amis des Iroquois.

Les Illinois auraient exécuté leurs hôtes sur-le-champ, n'eût été la prompte et vigoureuse intervention de Tonty.

— Vous m'appelez traître et ami des Iroquois, s'exclama-t-il avec indignation, alors que je vis avec vous depuis des semaines. J'ai même donné à vos guerriers le conseil de ne pas s'éloigner du village parce que je savais que vos ennemis étaient sur le sentier de la guerre. Vos frères ne m'ont pas écouté. Eh bien ! pour vous prouver que je ne suis pas un traître, je serai demain à votre tête pour aller combattre les Iroquois.

Ces paroles pleines de bravoure rassurèrent les Illinois. Tonty se rendait bien compte que les forces en présence étaient inégales et que c'était folie d'attaquer. Mais quand ses hôtes décidèrent d'engager le combat, il les suivit avec Boisrondet et les cinq soldats français.

---

4. GABRIEL GRAVIER, *Cavelier de la Salle*, p. 157 ; ZÉNOBE MEMBRÉ, *Premier établissement de la foy*, Ch. XXII.

Lorsque les Illinois s'avancèrent dans la plaine et aperçurent les Iroquois cachés derrière les arbres, ils se mirent à hurler, à danser, à gesticuler et lancèrent une volée de balles et de flèches. Les Iroquois ripostèrent vigoureusement ; il y eut dès le premier choc, plusieurs morts dans le camp des Illinois.

Tonty, voyant la bataille perdue d'avance, résolut de parlementer. Il arrêta les Illinois de ses remontrances, déposa ses armes et, un collier à la main, s'avança seul vers le camp des Iroquois avec un Illinois qui lui devait servir d'interprète. Comme les Iroquois continuaient de tirer, Tonty renvoya son compagnon et s'approcha seul malgré les décharges continuelles. Il fut bientôt cerné et enveloppé d'ennemis.

« Ces misérables, écrit-il, me saisirent et me prirent le collier que j'avais à la main ; l'un d'entre eux me plongea un coup de couteau dans le sein et me coupa une côte à côté du cœur ; néanmoins, m'ayant reconnu, ils me menèrent au milieu de leur camp et me demandèrent le sujet de ma venue. »

Les Iroquois ne l'auraient pas attaqué s'ils avaient su qu'il était Français, mais Tonty, avec son teint basané d'Italien et de coureur de bois, avec son accoutrement bizarre qui ne ressemblait guère aux habits européens, fut pris pour un Indien. Un chef remarqua qu'il n'avait pas les oreilles percées à la façon des sauvages. On lui donna un breuvage pour arrêter l'épanchement du sang, on le pansa et on le transporta en arrière où eut lieu une palabre animée pendant que la bataille reprenait de plus belle. Tonty, le souffle coupé et vomissant le sang à cause de la violence du coup, réussit enfin à parler :

— Les Illinois, dit-il avec effort, sont sous la protection du roi de France et du Gouverneur du Canada. Je suis surpris que les Iroquois veulent rompre avec les Français une paix solennellement jurée.

Les Iroquois, déconcertés, ordonnèrent de cesser le combat. Mais un jeune guerrier ayant pris le chapeau de Tonty pour le mettre au bout de son fusil, Boisrondet et les Illinois crurent à sa mort et recommencèrent le combat. Un guerrier accourut dans la hutte où Tonty se trouvait criant que les Français combattaient aux côtés des Illinois. Tonty, accusé de trahison, crut que sa dernière heure était arrivée. Un chef qui se trouvait derrière lui, saisit sa chevelure à pleines mains et leva son couteau pour le scalper. Bras-de-fer joua de ruse :

— Les Illinois, dit-il, sont au moins douze cents, et les Français, soixante. Ils ne craignent donc pas les Iroquois ; ce n'est pas la peur qui les porte à demander la paix.

Il s'aperçut que les chefs étaient divisés à son sujet. L'un d'entre eux, Tegacouti, chef des Tsonnontouans, voulait qu'il fût brûlé. Agoustot, chef des Onontagués et ami de La Salle, voulait le sauver. Alors l'Italien reprit la parole :

— Vous voulez me tuer ? Je suis prêt à affronter la mort. Je suis Tonty, Bras-de-fer, et le Gouverneur de Québec me connaît.

Les Iroquois hésitaient de plus en plus. Enfin, le chef Agoustot jeta au prisonnier un collier de perles :

— Tiens, dit-il, va dire à tes Frères et à tes amis de se retirer dans leur village. Mais dis-leur que nous avons faim et de nous apporter du maïs. Le lieutenant de La Salle, quoique affaibli, avança dans la prairie, se fit connaître des Illinois et fit cesser le combat. Les deux armées se séparèrent et les Iroquois promirent qu'ils reprendraient le chemin de leur pays. Bras-de-fer en rentrant au village rencontra les deux Récollets. Ils habitaient une cabane éloignée où ils s'étaient retirés pour faire une retraite ; ils ne furent avertis de l'arrivée des Iroquois que durant le combat. À la vue de Tonty, ils se précipitèrent au-devant de lui et, le croyant à l'article de la mort, voulurent lui donner l'Extrême-Onction. Mais le voyant moins blessé qu'ils ne le croyaient, ils en exprimèrent une grande joie.

Les Iroquois n'avaient pas quitté leur campement. Ils s'approchèrent furtivement du village, sous prétexte de chercher des vivres. À leur vue, les Illinois prirent peur, mirent le feu à quelques-unes de leurs cabanes et se retirèrent au lieu où ils avaient envoyé leurs femmes et leurs enfants. Furieux, les Iroquois se précipitèrent sur le village, brûlèrent la plupart des huttes et se construisirent un fortin dans la place. Les Français craignirent pour leur vie et montèrent la garde à tour de rôle mais les Iroquois épargnèrent leur cabane.

Le lendemain, nouvelle alerte. Les Illinois parurent sur le côteau à un quart de lieue de leur village. Les Iroquois, les croyant nombreux demandèrent à Tonty d'aller chercher un Illinois pour faire la paix. Il consentit à condition d'emmener un Iroquois comme otage.

Les Illinois se réjouirent de la fin du combat ; ils donnèrent à manger aux ambassadeurs et les renvoyèrent avec un guerrier chargé de négocier une trève. De leur côté, les Iroquois donnèrent les marchandises et des colliers.

Malheureusement, le délégué se montra lâche et maladroit. Il ne dissimula pas son vif désir d'enterrer la hache de guerre et avoua la faiblesse numérique des siens. Les Iroquois, se voyant les plus forts, se montrèrent arrogants et reprochèrent à Tonty sa perfidie mais ils respectèrent les Français pour ne pas rompre le traité conclu à Québec.

Jusqu'au 18 septembre, Tonty assista à de grandes palabres entre les deux camps d'Indiens. On s'offrit de mutuels présents. Les Illinois rendirent même quelques prisonniers. Mais les Iroquois cherchaient maintenant prétexte pour recommencer la guerre. Leur principal souci était d'écarter les Français qui, s'ils étaient tués ou blessés, pourraient leur causer des difficultés avec Québec et le fort Frontenac.

Bras-de-fer voyait les Iroquois construire des canots et il les soupçonnait de vouloir attaquer les vieillards, les femmes et les enfants réfugiés dans la presqu'île. Il en avertit les Illinois qui, se confiant à cette paix factice, chassaient dans les bois.

Le 19 au soir, les Iroquois convoquèrent Tonty et le Père Membré à une grande palabre où ils devaient prendre une grave décision. « Nous ayant fait asseoir, écrit Tonty, ils firent mettre six paquets de castors devant nous et, m'adressant la parole, ils me dirent que des deux premiers paquets étaient pour dire à M. le comte de Frontenac (Ononthio), leur père, qu'ils ne prétendaient pas tuer ses enfants mais rester en paix avec eux ; le troisième était pour servir d'emplâtre à ma plaie ; la quatrième était de l'huile pour frotter les jambes au Père Récollet et à moi, à cause des voyages que nous avions faits ; le cinquième parce que le soleil était beau, et le sixième pour que nous partions le lendemain pour les habitations française. » [5]

Tonty leur répondit en leur demandant quel jour eux-mêmes comptaient s'éloigner. Cette demanda souleva des murmures. Quelques-uns lui répondirent :

— Ce sera après avoir mongé la chair de tes frères ou des Illinois.

À ces mots, le chevalier se leva. Il était seul avec un moine au milieu d'une troupe de sauvages prêts à le dévorer. Il ne se laissa pas émouvoir. Repoussant du pied les paquets de peaux, à la mode indienne, il dit aux Iroquois qu'il ne voulait pas accepter de présents de gens qui trahissaient leur parole et festoyaient de chair humaine ; que du reste, il partirait quand il le jugerait à propos, sans avoir besoin pour cela de consulter personne.

Le chef Peau-Rouge, furieux de cette réponse, saisit le bras du lieutenant et lui dit avec violence :

— Va-t'en.

Puis tous entonnèrent le chant de guerre. Tonty retourna à sa hutte et raconta à ses compagnons ce qui venait de se passer. La nuit ressembla à une veillée d'armes où chacun, à tour de rôle, monta la garde. Mais les Iroquois les laissèrent en paix. Le matin arrivé, Bras-de-fer avait pris sa décision :

— Il ne nous reste plus qu'une chose à faire, dit-il à ses hommes, quitter ces lieux le plus tôt possible, si nous tenons encore à notre vie.

Ils partagèrent entre eux les armes et les munitions et préparèrent leurs minces bagages. Tonty avait encore avec lui cinq Français et les deux Récollets. Il fit préparer les canots, emporta des peaux de castor et des provisions et remonta la rivière vers les Grands Lacs. En cours de route, il cacha une partie des pelleteries pour les reprendre à son retour. Le troisième jour fut marqué par un drame. Lors d'un arrêt pour réparer l'un des canots, le vieux Père Gabriel de Ribourde descendit sur la rive pour se dégourdir les jambes et prier avec plus de tranquillité. Imprudemment, il s'enfonça à quelque distance dans le bois. Ne le voyant pas revenir, Tonty et

5. TONTY, *Mémoires*, éd. Margry, p. 11.

quelques-uns de ses hommes coururent à sa recherche, appelèrent vainement, suivirent sa piste et crurent à un enlèvement de la part des sauvages.

Les Français se réfugièrent de l'autre côté de la rivière pour y passer la nuit plus en sûreté ; ils allumèrent un grand feu pour servir de signal. Le lendemain, ils revinrent au même endroit que la veille et attendirent inutilement le Père Gabriel jusqu'à midi. Ne le voyant pas revenir, ils remontèrent en canot et se dirigèrent, à petites journées, vers le lac des Illinois. Les Français apprirent, par la suite, que le missionnaire avait été massacré par les sauvages.

Le 1er novembre, Tonty fit naufrage sur le lac des Illinois, à vingt lieues du village des Poutouatamis ; il continua sa route à pied, bien qu'il eût une fièvre continue et les jambes enflées.

Après avoir remonté l'Illinois jusqu'à sa source, lui et ses compagnons continuèrent leur voyage par terre. Ils n'avaient plus de vivres et Bras-de-fer souffrait toujours de la fièvre. On dut se contenter, durant plusieurs jours, de manger du sureau et de l'ail sauvage, que les Français grattaient sous la neige. Enfin, ils eurent la bonne fortune de trouver la peau et les quatre pieds d'un chevreuil que les loups venaient de dévorer ; les voyageurs firent un véritable festin, en les faisant bouillir.

Dans un village abandonné, ils découvrirent une petite quantité de maïs et quelques citrouilles pourries. Mais bientôt, travaillés par la faim, ils en furent réduits à mâcher les courroies de cuir qui attachaient les perches des cabanes et un bouclier en peau de bison.

Le sieur de Boisrondet, l'un des compagnons de Bras-de-fer fut perdu pendant dix jours. Pour se procurer de la nourriture, il fut réduit à se servir, au lieu de balles, d'une tasse d'étain qu'il avait fait fondre.

Après bien des marches et des contre-marches, faites à tâtons, faute de boussole, les Français se trouvèrent un jour absolument sans vivres, sans espoir de s'en procurer et de rejoindre les Indiens. Dans cette extrémité, ils résolurent de gagner un village abandonné parce qu'ils y trouveraient du bois pour y mourir plus chaudement. Les Indiens venaient de le quitter, quand ils y arrivèrent ; ils ne pouvaient donc être bien loin. Au lieu de se coucher pour mourir, ils s'armèrent de tout leur courage et se remirent en route. Réduits à l'état de squelettes, ils se traînaient les pieds dans la neige et sur la glace. Pris de pitié, le Père Membré tailla des mocassins à toute la troupe dans le manteau du Père Gabriel de Ribourde. Ils continuèrent péniblement leur route en fouillant la neige pour y trouver leur nourriture. Heureusement, leur piste fut découverte par des Ottawas, amis des Français. Les Indiens les rejoignirent et leur offrirent l'hospitalité dans leur village. Les voyageurs se trouvèrent dans l'abondance après trente-quatre jours d'un jeûne extraordinaire.

Tonty et ses compagnons passèrent l'hiver chez les Ottawas. Le Père Zénobe Membré se rendit à la maison que les Jésuites possédaient au fond de la baie des Puants (Green Bay). Au printemps, Tonty remis d'une grave maladie causée par la fatigue, prit la route de Michilimackinac, où il arriva le jour de la Fête-Dieu (1681) [6].

6. TONTY, *Mémoires, éd. Margry*, pp. 9-13 La Relation du Père Zénobe Membré, citée dans Christian LeClercq : *Premier établissement de la foy* ; LÉON LEMONNIER, *Cavelier de La Salle*, pp. 160-170.

11

La Salle vole au secours de Tonty (1680)

Le 10 août 1680, La Salle quittait de nouveau le fort Frontenac et reprenait le chemin de la vallée des Illinois afin de
secourir son fidèle lieutenant Tonty laissé au fort Crèvecœur
et abandonné depuis par des déserteurs. Cette fois, il emmenait avec lui La Forest, qui avait gouverné le fort durant son
absence, et seize hommes, parmi lesquels des charpentiers. Il
emportait aussi tous les objets nécessaires pour achever le
bateau commencé au fort Crèvecœur. La Salle comptait l'utiliser pour descendre le Mississipi jusqu'à son embouchure.

L'explorateur suivit la route habituelle, remonta la *Hum-
ber*, passa par un portage jusqu'au lac Simcoe et descendit la
Severn jusqu'au lac Huron. Là, ayant appris que deux déserteurs s'étaient réfugiés dans les environs, il partit à leur poursuite. L'un d'eux réussit à s'enfuir avec les pelleteries que
La Salle avait laissées en dépôt chez un sauvage. L'autre,
Gabriel Minime, obtint sa grâce, après avoir expliqué à
La Salle qu'il avait été entraîné par ses compagnons. Minime
confirma la disparition du Griffon qui n'avait même pas
atteint Michilimackinac. Le pilote et les matelots avaient dû
périr avec le navire, car jamais on ne le revit.

Le 16 septembre 1680, La Salle se présentait au Sault Sainte-
Marie, dans le dessein de recouvrer les pelleteries que les
déserteurs prétendaient y avoir laissées, mais il ne trouva rien.

Dès le jour suivant, il repartit pour Michilimackinac où il espérait acheter des vivres des sauvages. Sous divers prétextes, ceux-ci refusèrent de lui en vendre. Il trouva au fort D'Autray et La Forest qui, disaient-ils, avaient rencontré de nouveaux déserteurs venant du fort Crèvecœur. Ceux-ci avaient rapporté que Tonty était mort et qu'il n'y avait plus un seul Français dans la vallée des Illinois. Découragés, les deux officiers étaient revenus sur leurs pas pour l'attendre. Des mauvaises nouvelles attristèrent d'autant plus La Salle qu'il savait que les Iroquois avaient déterré la hache de guerre contre les Illinois et que Tonty, faute d'hommes et de munitions, ne pourrait se défendre. De plus, le découvreur attendait avec impatience l'arrivée de renforts : un forgeron, deux matelots, un cordier et deux soldats devaient lui apporter, du fort Frontenac, trois cents livres de poudre, du plomb, des fusils, ainsi que des voiles et des outils pour achever sa barque. La Salle dépêcha deux canots à leur rencontre. Hélas ! personne ne revint car ils durent hiverner en route.

La Salle était inquiet. Qu'était devenu Tonty ? Il laissa La Forest avec trois soldats à Michilimackinac pour attendre les retardataires et pressa son départ. Il partit en hâte avec les seuls hommes qui lui restaient : l'officier d'Autray, le charpentier de barque, un chirurgien, trois soldats, deux scieurs de long, deux maçons, deux hommes de travail et deux chasseurs mohicans, parmi lesquels Nika. Après une navigation pénible, il parvint, le 4 novembre, au fort Miamis en ruines, à l'embouchure de la rivière Saint-Joseph. Il croyait trouver là son ami La Forest mais celui-ci au lieu d'exécuter fidèlement les ordres reçus, était parti lui-même au-devant de ceux qu'il attendait et qu'il ne rencontra pas. Il ne fut de retour au fort Miamis que le 11 novembre.

La Forest manquant au rendez-vous, La Salle laissa les fardeaux les plus embarrassants à la garde du charpentier et de cinq hommes et partit lui-même, le 8 novembre, accompagné de six Français et de son fidèle chasseur Nika. En descendant l'Illinois, il s'aperçut que les campagnes n'avaient pas été dévastées par le feu. Mauvais signe se dit La Salle, car si les Illinois n'ont pas mis le feu aux prairies, suivant leur habitude, pour chasser le bison, c'est qu'ils sont sur le sentier de la guerre.

Le gibier abondait. La Salle et ses compagnons s'attardèrent à se procurer des vivres. Ils tuèrent à volonté bisons, chevreuils, outardes, cygnes. Après trois jours de chasse, ils remirent les canots à l'eau et, suivant le cours de la rivière, atteignirent l'endroit où neuf mois auparavant, se trouvait le grand village des Illinois. Il était désert. La Salle remonta jusqu'au portage menant à la rivière Kankakee. Il la descendit dans ses canots, trouvant partout du gibier en abondance. Persuadé que Tonty se trouvait toujours au fort Crèvecœur, il s'arrêta pour s'approvisionner en gibiers de toutes sortes.

On apercevait un peu partout des bisons dans la prairie. Au loin, ils ressemblaient à des taches noires bougeant sur un monticule ; plus près ils se déplaçaient en masses compactes comme un immense navire voguant dans la plaine. Tantôt, ils couraient à la file indienne vers la rivière, tantôt ils prenaient leurs ébats comme de jeunes oursons, soufflant, renâclant, et lançant des jets d'eau qui retombaient sur leur pelage fauve.

Pour les abattre, les chasseurs usaient de ruses ; parfois ils s'embusquaient derrière des talus du rivage, ou bien ils se glissaient dans les hautes herbes, en s'approchant le plus près possible du troupeau. Alors les vieux mâles relevaient leurs courtes cornes et, avec des regards furieux, sous leurs cils embroussaillés, se lançaient à l'attaque. La fusillade qui éclatait abattait plusieurs bêtes et jetait la panique parmi le troupeau. Cette chasse excitait les hommes, les exaltait. Humer l'arôme capiteux de ces vastes plaines, apercevoir d'immenses troupeaux de bisons à portée du fusil, sentir l'odeur de la poudre qui vous grise pendant que les animaux s'écroulent ou s'enfuient en martelant le sol de leurs sabots, comme une armée en déroute, c'était un spectacle à la fois sauvage et chevaleresque pour ces coureurs de bois fatigués de pagayer durant des milles ou d'effectuer de longs portages.

Les hommes de La Salle tuèrent une douzaine de bisons, huit chevreuils, des poules d'inde, des outardes, des cygnes, de quoi festoyer durant plusieurs semaines. L'explorateur fit boucaner la viande et l'enferma, à la mode indienne, dans des caches. Il se contenta d'emporter les meilleurs morceaux afin d'en régaler Tonty et ses compagnons [1].

À l'emplacement du village des Illinois, un spectacle lugubre s'offrit à sa vue. Des cabanes, il ne restait plus que des cendres. Des perches calcinées, au haut desquelles grimaçaient des têtes déchiquetées par les oiseaux de proie, marquaient l'emplacement du village. Les Iroquois étaient passés par là. Un fort, qu'ils avaient eux-mêmes construit, était encore debout : sur les portes, des têtes clouées ; à l'intérieur, des tas d'os calcinés et, çà et là, des lambeaux de vêtements ayant appartenu aux Français. Dans les champs, des oiseaux de proie s'acharnaient sur des carcasses à demi rongées. Même les ossements des morts avaient été déterrés et dispersés. Et, pour ajouter à l'horreur du spectacle, des bandes de loups et de corbeaux se disputaient les restes des cadavres, au milieu des hurlements et des croassements lugubres.

La Salle examina une à une les têtes des cadavres, mais il ne reconnut aucun de ses anciens compagnons ; les cheveux étaient gros et courts comme ceux des sauvages. Autour du fort, aucune trace de flèches ou de coups de fusils. Un peu plus loin, il aperçut six pieux peints en rouge sur chacun desquels étaient représenté un homme, les yeux bandés. La Salle en conclut que Tonty et ses compagnons avaient été faits prisonniers.

Le lendemain matin, deux décembre 1680, après une nuit d'angoisse, l'explorateur laissa trois hommes au village et s'embarqua avec d'Autray, deux Français et son fidèle Nika. Chacun emportait deux fusils, un pistolet, une épée, du plomb, de la poudre et aussi, pour faire des présents, des haches et des couteaux. Ils parcoururent six lieues avant la nuit et arrivèrent à un camp vide. Les Illinois avaient dû faire retirer leurs femmes et leurs enfants, dès l'apparition des Iroquois. C'était une presqu'île de quinze ou vingt pas et longue d'une demi-lieue. Protégée par la rivière et un vaste marais vaseux, elle n'était accessible que par un étroit passage de quatre pas de largeur, que les Illinois avaient fermé avec de gros arbres

---

1. CHARLES DE LA RONCIÈRE, *Le Père de la Louisiane*, p. 36 ; LÉON LEMONNIER, *Cavelier de La Salle*, pp. 141-142.

renversés. La presqu'île était couverte de cabanes de sauvages. Les guerriers chargés de la défendre avaient placé leurs pirogues, en guise de parapet, du côté de la rivière, le seul endroit par où on pût les attaquer.

La Salle inspecta le terrain sans y découvrir aucune trace de combat, bien que les Illinois eussent campé en face des Iroquois. De l'autre côté de la rivière, se dressait leur camp : 113 cabanes. Sur l'écorce des arbres, le portrait de leurs chefs et le nombre de guerriers : 592. Aucune marque n'indiquait la capture des Français. La Salle espéra donc les retrouver vivants.

Les Français couchèrent au camp iroquois et partirent de grand matin en direction du fort Crèvecœur. Le fort était presque entièrement démoli. Les Iroquois avaient arraché les clous de la barque, pour montrer qu'ils étaient passés par là. Sur l'un des bordages, ces mots énigmatiques : « Nous sommes tous sauvages, ce 15 août 1680 ». La Salle reconnut l'écriture de l'un de ses hommes, surnommé le Parisien. La barque n'était pas endommagée et on eût pu l'achever en peu de temps sans la perte de la forge et de tous les outils enlevés par les Iroquois. Le grand rêve de La Salle de descendre le Mississipi en bateau s'envolait, mais il ne se découragea pas.

Le 4 décembre, il continua sa route et passa, le même jour, devant quatre campements des deux armées. Après une visite du dernier, il jugea que les guerriers ne devaient pas être loin parce qu'il n'avait pas encore plu sur les cendres de leurs feux depuis le départ. Il descendit la rivière toute la nuit et, le lendemain midi, il aperçut, dans la prairie, des formes humaines encore debout, mais immobiles. Il s'approcha du rivage et mit pied à terre. Il vit, tout autour, les herbes foulées et, à quelques distance, le squelette d'une femme à demi calcinée et mangée par les loups. Il était sur le champ de bataille.

Toute la prairie offrait un spectacle épouvantable et affichait les traces de la cruauté des Iroquois. Des cadavres, à demi brûlés, remplissaient des chaudières abandonnées sur des feux éteints. Un peu partout, épars dans la prairie, gisaient les restes des victimes qu'on avait torturées. Et ces formes immobiles, semblables à des statues, que les Français avaient aperçues au loin, n'étaient autres que des cadavres entiers de femmes ou d'enfants, empalés vivants et brûlés à petit feu. Ces corps calcinés et laissés debout, attachés à un poteau, autour desquels tournoyaient les oiseaux de proie, ressemblaient à des morts surgis de terre. Des boucliers suspendus à des perches servaient de trophées aux Iroquois.

Mais ici encore, aucun indice que les Français avaient été tués. La Salle se rendit jusqu'à l'embouchure de l'Illinois, et il aperçut le Mississipi au courant rapide et plein de tourbillons. Plusieurs de ses hommes, entre autres d'Autray, Hunault et Yvon lui offrirent alors de descendre le Mississipi jusqu'à son embouchure, risquant ainsi leur vie pour achever cette découverte. Il les remercia, loua leur courage, mais leur dit qu'il ne voulait pas en abuser. Son but principal, était, pour le moment, de retrouver Tonty et ses compagnons. Le cœur lourd, il se prépara à retourner au fort Frontenac.

À l'embouchure de l'Illinois, il cloua à un arbre un morceau de planche sur lequel il peignit son canot et un calumet, en signe de paix. Puis il y attacha une lettre pour avertir Tonty qu'il retournait au village des Illinois.

Le 7 décembre 1680, il commença à remonter la rivière du même nom. En trois jours et demi, il revint au village où il avait laissé ses trois hommes ; il les retrouva en parfaite santé. La rivière était gelée. Il profita du répit pour accumuler des provisions qu'il dissimula dans des caches afin de s'en servir au retour. Il fit préparer des traîneaux pour emporter sur la glace ses canots, des vivres et ses bagages. Comme il désirait parler à des sauvages, il fit mettre le feu au fort et aux cabanes des Iroquois. Mais aucun Indien ne parut. Alors, il se décida à partir, le 28 décembre, avec trois canots, ses provisions et tout son équipement que lui et ses gens tiraient sur la neige.

Le 6 janvier 1681, ils atteignirent le confluent du Kankankae où ils trouvèrent un cabanage portant des indices du séjour de Tonty. Comme La Salle était venu en descendant cette rivière, il résolut de remonter l'Illinois dans l'espoir d'y retrouver son associé. Pour faire diligence, il abandonna ses marchandises qu'il confia à la garde de son fidèle d'Autray et du chirurgien Liotot. Puis il repartit avec cinq hommes. Il trouva bientôt les restes d'un camp sur la rivière. Il jugea, par divers signes perceptibles à un vieux coureur de bois comme lui que le séjour de Tonty à ce camp remontait à deux mois.

La neige reprit, ce jour-là, et elle tomba dix-neuf jours de suite. La Salle dut parcourir soixante lieues dans des conditions très pénibles. La neige étant trop molle pour utiliser les raquettes, il marchait devant ses hommes pour leur battre le chemin. Quoiqu'il fût de grande taille, il arrivait difficilement à enjamber la neige où il enfonçait jusqu'à la ceinture. Il était même obligé de la pousser avec son corps pour se frayer un passage. Ses hommes suivaient. De loin, on eût dit un canot montant et descendant sur les crêtes blanches des vagues. Bien qu'il fût très fort et généralement insensible aux fatigues, il arriva exténué près de l'embouchure de la rivière Saint-Joseph.

L'un des chiens de La Salle, qui courait de côté et d'autre, flaira par hasard les traces d'un homme qu'il aimait et n'avait pas revu depuis plusieurs mois. La piste le conduisit au fort en ruine. Il y reconnut le chasseur mohican Nanangourcy et se mit à gambader autour de lui. Le sauvage, à son tour, suivit le chien qui l'emmena au devant de La Salle. Celui-ci demanda aussitôt des nouvelles de Tonty mais personne ne savait ce qu'il était devenu. Par contre, le sauvage apprit au découvreur que La Forest et les trois soldats qu'il avait laissés à Michilimackinac se trouvaient au fort. Il ajouta qu'un groupe de trente Abénakis et Mohicans campaient près de là avec leurs femmes et leurs enfants. Il expliqua à La Salle que, s'il voulait s'établir chez les Miamis, ces trente Mohicans se joindraient à lui avec trente autres qui arriveraient sous peu. L'explorateur accepta avec joie ce renfort précieux de soixante alliés et rejoignit le fort Saint-Louis des Miamis.

Il trouva bientôt d'autres sauvages amis et décida alors de parlementer avec les ennemis des Iroquois, notamment avec les Illinois, pour s'en faire des alliés. Il voulait ainsi réconcilier Miamis et Illinois qui, formant une digue contre les Iroquois, le préserveraient personnellement de la destruction et du pillage.

Il partit, le 1er mars 1681, avec des hommes chaussés de raquettes, car la gelée avait durci la neige et l'on y pouvait marcher avec facilité. Le temps était beau. Un soleil de printemps faisait éclater la blancheur de la neige qui miroitait comme des facettes de diamants. La réverbération était tellement forte que La Salle fut aveuglé, durant trois jours, avec des douleurs si grandes qu'il ne pouvait dormir. Il fut obligé d'arrêter. Pour occuper ses hommes, il les envoya, par petits groupes, par eau et par terre, à la recherche de Tonty.

Un jour, Nika le Mohican était en train de chasser lorsqu'il découvrit la piste de sept hommes dont les raquettes n'étaient pas du modèle de celles fabriquées par les Indiens. Ayant suivi les traces, il rejoignit les sauvages, le troisième jour. C'étaient des Ottawas qui lui apprirent que Tonty et les siens avaient été recueillis dans une de leurs tribus où ils hivernaient. Le Père Hennepin et ses compagnons étaient aussi rentrés du pays des Sioux.

La Salle se réjouit à l'annonce de ces bonnes nouvelles ; il fut heureux, surtout, à la pensée qu'il reverrait son brave Tonty, Bras-de-fer.

Dès qu'il fut mieux, il commença ses démarches en vue d'assurer la paix entre tribus. Comme il était en bons termes avec les Illinois, il n'eut pas de peine à les convaincre de faire alliance avec les Français. Afin de se concilier les Miamis, il quitta le fort Saint-Louis pour remonter la rivière Saint-Joseph jusqu'à leur village, à la source du Kankakee. En arrivant, il apprit que trois Iroquois, qui se trouvaient là, étaient venus calomnier les Français. Aussitôt, il les fit comparaître devant lui et leur parla en termes si énergiques que, pendant la nuit, ils se sauvèrent presque nus, abandonnant leurs pelleteries de castor. Cette fuite des membres d'une nation insolente et belliqueuse augmenta le prestige des Français.

Dans le village, La Salle rencontra les trente Abénakis et Mohicans dont l'alliance lui était assurée ; il s'entendit promptement avec eux. Dès lors, entouré de cette garde fidèle et de ces dix Français, il convoqua les Miamis à une grande palabre dans la cabane du chef. On enleva ce qui la recouvrait, afin que tous entendissent ce que dirait le capitaine français.

La Salle parlait avec aisance plusieurs langues indiennes. Sa haute taille, ses gestes de grand Seigneur, sa parole facile, tout en lui en imposait aux sauvages chez qui il passait pour

95

le plus brillant orateur de ces régions. Mais il connaissait surtout les mœurs et l'âme des Indiens. Il eut soin d'appuyer son discours de présents symboliques, qui seuls rendent valables les promesses. Le premier fut un rouleau de tabac, pour indiquer que La Salle était prêt à fumer le calumet de paix et à conclure une alliance. Les présents se succédaient : étoffe bleue, étoffe rouge, capots, haches, colliers et bracelets, lames d'épée : chacun signifiait un morceau du bonheur dont jouiraient les Iroquois, s'ils devenaient les amis des Français. Après le septième présent, La Salle cédant à une inspiration subite, eut son plus beau trait de génie oratoire :

«Vous regrettez tous les jours Ouabicolcota, le plus considérable de vos chefs, s'écria-t-il. Eh bien ! ne croyez pas qu'il soit mort, j'ai son esprit et son âme dans ma chair ; je fais revivre son nom, je suis au autre Ouabicolcota ; je prends le même soin de sa famille qu'il en a eu durant sa vie, et afin que personne ne l'ignore, je déclare que je m'appelle désormais Ouabicolcota. Il n'est pas mort, il vit et sa famille ne manquera plus de rien, puisque son âme est dans le corps d'un Français qui peut fournir en abondance à ses parents toutes les choses nécessaires.»

Cette figure aussi hardie que nouvelle était très conforme au génie de ces peuplades, qui n'ont rien de plus cher que la mémoire de leurs morts. Aussi le discours fut-il ponctué d'applaudissements extraordinaires qui forcèrent l'orateur à s'interrompre pendant quelques instants. Il en profita pour offrir le huitième présent : une autre pièce de drap rouge.

La Salle donna encore d'autres cadeaux : des marmites, des chemises, des couvertures, des couteaux, des fusils. Enfin, il présenta deux ceintures ou colliers de perles qu'on appelle *wampums* et qui sont le gage suprême de l'alliance.

Le chef miami ayant accepté les cadeaux, répondit par un beau discours appuyé de présents, qui consistaient surtout en robes de castor. La journée se termina par un festin, des danses et autres réjouissances auxquelles La Salle, contrairement à son habitude, dut assister, puisque tout ce passait en son honneur. Ensuite, il regagna avec satisfaction le fort Saint-Louis.

Avant de tenter une quatrième fois sa grande entreprise, il

lui fallait, comme d'habitude, mettre ses affaires en ordre au fort Frontenac. Il partit à la fin de mai et atteignit Michilimackinac le jour de la fête-Dieu 1681 ; à sa grande joie, il y retrouva Tonty qui lui conta ses propres aventures que le lecteur connaît déjà.

Dès le lendemain, ils partirent ensemble pour le fort Frontenac. La Salle poursuivit seul sa route vers Québec et Montréal ou il eut fort à faire pour apaiser ses créanciers. Le comte de Frontenac qui l'appréciait, lui prêta le secours de son appui et de sa protection. Pour équilibrer sa situation financière, le découvreur dut négocier une partie de son monopole de la traite des fourrures. Il emprunta, en outre, de l'argent à l'un de ses cousins de Montréal, François Plet en faveur de qui il rédigea son testament.

Ses affaires réglées, il songea de nouveau à repartir pour réaliser le rêve de sa vie, son unique ambition : descendre le Mississipi jusqu'à son embouchure, en prendre possession au nom du roi de France et y fonder une colonie [2].

2. CHARLES DE LA RONCIÈRE, *Le Père de la Louisiane*, p. 36 et LÉON LEMONNIER, *Cavelier de La Salle*, Paris, 1648, pp. 141-159.

12

La Salle découvre l'embouchure du Mississipi (1682)

Trois fois déjà La Salle avait tenté vainement d'atteindre la mer en suivant le cours du Mississipi.

Parti une première fois du fort Frontenac, en 1678, avec deux navires chargés de provisions et de tout le matériel nécessaire, il avait tout perdu à cause de la maladresse de son pilote. La seconde fois, il avait pu construire le beau Griffon sur le lac Érié, avec lequel il comptait se rendre jusqu'au fond du lac Michigan pour fabriquer un autre vaisseau sur l'Illinois et atteindre ainsi le Mississipi. Hélas ! la perte du navire fit échouer son projet. Il avait quand même descendu une partie du fleuve et fait élever le fort Crèvecœur où il avait laissé Tonty. Mais quand il revint pour sa troisième tentative, il trouva le fort détruit par les déserteurs. Tonty était en danger. Il renonça à continuer l'expédition.

Après ces trois voyages infructueux, un homme au caractère moins trempé que La Salle se serait découragé. Il se résolut, au contraire, à tenter une quatrième tentative. Cette fois, les chances de succès s'avéraient encore plus difficiles. Il lui fallait partir du fort Frontenac, c'est-à-dire plus loin du but, sans vaisseau, faute d'hommes et d'argent, et presque ruiné par ses précédents voyages. D'autre part, il avait de bons atouts pour lui. Il connaissait mieux la route, était un ami des sauvages en général et n'avait plus rien à redouter des Iroquois.

Lors de son retour au fort Frontenac, « La Salle avait laissé

Tonty et le Père Zénobe Membré à Yeyagon, à l'ouest du lac Ontario, pour y attendre une embarcation qu'il devait leur envoyer. Elle arriva portant vingt soldats ou matelots, des vivres, des armes et des munitions. Tonty en ayant pris le commandement fit faire le portage, traversa les lacs Érié, Huron et Michigan et atteignit la rivière Divine ou Chicagou. Arrêté par les glaces, il fut rejoint le 4 janvier 1682, par La Salle, qui avait quitté le fort Frontenac à la fin du mois précédent » [1]

En attendant son chef, Tonty avait engagé des Indiens, tant de la nation des Mahingans ou Loups que de celle des Abénaquis. Il avait augmenté ses provisions, par la chasse, des échanges, et construit des traîneaux en prévision d'un voyage sur les glaces [2].

La Salle rejoignit donc, au fort Saint-Louis de Miamis, les membres de l'expédition qui avaient pris les devants et qui l'attendaient déjà : Tonty, d'Autray, le Père Zénobe Membré, en tout vingt-trois Français escortés d'une trentaine d'Indiens. Quelques sauvages ayant insisté pour emmener leurs femmes et leurs enfants. La Salle dut alourdir l'expédition de six squaws et de trois poupons.

L'explorateur approuva toutes les dispositions prises par Tonty. Son intention était d'ailleurs de substituer les canots aux barques, à l'usage desquelles il attribuait en partie l'insuccès de sa dernière expédition.

À cause de la rigueur de la saison, il dut charger sur des traîneaux les bagages et un malade. Il entreprit, le 27 janvier 1682, la descente de la Chicagou et, par cette rivière, il atteignit celle des Illinois. Il continua à conduire ses bagages jusqu'au fort Crèvecœur où tous les Français se trouvèrent réunis. Depuis le village de Chiacagou, il avait parcouru cent trente lieues sur les glaces [3].

À partir du lac Peoria, l'Illinois est navigable en tout temps. La Salle mit à flot ses canots et atteignit le Mississipi le 5 février 1682. Il dut s'arrêter six jours au confluent de l'Illi-

---

1. D'après une relation de Cavelier de La Salle.
2. TONTY, *Mémoires*, éd. Margry, p. 14.
3. TONTY, *Mémoires* (1687), p. 149.

nois et du Mississipi pour attendre les sauvages dont les glaces avaient retardé le départ [4].

Bientôt commença la descente du Mississipi. À six lieues, à l'ouest, La Salle reconnut le Missouri. À cet endroit, la navigation devient plus difficile à cause de la masse d'eau énorme que le fleuve reçoit de cet affluent. Le courant, très rapide, arrache aux rives quantités de troncs d'arbres qu'il roule jusqu'à la mer. « Le canot qui se heurterait à ces obstacles, coulerait infailliblement. La Salle savait, par expérience, qu'il suffisait d'un peu d'attention pour les éviter. » [5] Puis le Mississipi reprend son cours majestueux. Les canots suivaient le courant qui tantôt serpente à travers les plaines basses et tantôt se resserre entre des rives escarpées. On vivait de pêche mais surtout de chasse car le gibier était abondant. Les hommes tuaient, à tout moment, des poules d'Inde, des outardes, des cygnes, des chevreuils et même des bisons.

À six lieues au-dessous du Missouri, ils naviguèrent près des villages des Tamaroas, alors en chasse dans les bois. La Salle leur laissa quelques présents pour marquer son passage et la direction qu'il suivait. « L'explorateur ne voyageait pas en amateur, il remontait tous les affluents du fleuve jusqu'à une certaine distance, étudiait sa topographie, ses productions, ses ressources. » [5]

Bientôt ils arrivèrent à une île ou plutôt à une chaîne d'îlots qui se succédaient sur une longueur de soixante lieues. Ils naviguèrent à droite de ces îlots qui leur masqua l'embouchure de l'Ohio, de l'autre côté. Il ne leur échappa point qu'une grande rivière débouchait dans le Mississipi, par la rive opposée. Ils supposèrent avec raison que cet affluent n'était autre que l'Ohio. Quoique grossi de ce magnifique cours d'eau, le lit du fleuve ne s'élargit pas, comme il ne s'élargit pas après avoir reçu les eaux d'autres affluents importants, comme l'Arkansas et la rivière Rouge. Il devient cependant beaucoup plus profond, ce qui ne l'empêche pas de déborder à la saison des pluies. C'était alors le cas, et les canots voguaient rapidement entre les rives submergées, dont

4. GABRIEL GRAVIER, *Cavelier de La Salle*, p. 182.
5. GABRIEL GRAVIER, *Cavelier de La Salle*, p. 182. (2) *id.* p. 183.

les lignes sinueuses étaient bordées de deux lisières parallèles de cannes et, plus loin, d'arbres variés comme le mûrier, le laurier, etc.

Le 24 février, alors que les vivres commençaient à manquer, les Mohicans allèrent à la chasse et rapportèrent sept chevreuils qui furent bien accueillis, car on jeûnait depuis quinze jours. Le lendemain, les Français accompagnèrent les sauvages à la chasse et l'un d'eux, l'armurier Prud'homme, s'égara. On le chercha vainement pendant plusieurs jours. La Salle profita de l'arrêt forcé pour ériger une redoute en bois.

« Les hommes qui cherchaient l'armurier, découvrirent une piste que les conduisit à une cabane d'où les habitants s'enfuirent. On réussit à en capturer deux, des Chicachas, que l'on garda comme guides. Enfin, au bout de dix jours, on aperçut l'armurier qui s'en revenait par le fleuve, à cheval sur un tronc d'arbre qu'il avait poussé au large. Il n'avait pas mangé pendant tout ce temps. Le fort s'achevait ; La Salle lui donna le nom du rescapé en l'appelant *Prud'homme.* »[6]

Le 3 mars, comme on naviguait par un temps de brume, des cris retentirent sur la droite. Les Chicachas dirent que c'était un village d'Arkansas, au nord de la rivière. Par prudence, La Salle accosta sur l'autre rive pour s'y retrancher en cas d'attaque. Les Arkansas crurent d'abord à une incursion de leurs ennemis et, selon la coutume, éloignèrent femmes et enfants.

Lorsque la brume cessa, une pirogue s'approcha des Français, et l'un des sauvages lança une flèche. Si les Français en avaient tiré une, c'eût été le signal qu'ils voulaient la guerre ; voyant qu'on ne leur répondait pas, les éclaireurs retournèrent à leur village dire que les inconnus souhaitaient la paix.

La Salle envoya deux hommes, un Français et un Abénaquis avec un calumet de paix, chez les sauvages. Ils furent bien reçus. Six des principaux de Kappa — nom du village — les ramenèrent au campement dans leurs pirogues. Ils offrirent à fumer à La Salle et à ses compagnons. Puis ils invitèrent les Français à venir se rafraîchir à Kappa, « ce à quoi l'on

---

6. LÉON LEMONNIER, *Cavelier de La Salle*, p. 179.

consentit volontiers ». Tous les habitants du village, sauf les femmes et les enfants qui avaient pris la fuite, vinrent au bord de l'eau pour les recevoir. Le lendemain, grande fête dans la tribu des Arkansas. Tout autour de la place, des perches sur lesquelles étaient disposés des présents. Ils apportèrent deux calumets garnis de plumage et de pierres rouges pleines de tabac qu'ils offrirent à leurs chefs ; ceux-ci se mirent à fumer à la ronde. Puis la danse du calumet commença. Les guerriers chantaient et dansaient en s'accompagnant de gourdes remplies de cailloux et au rythme de deux tambours.

Ceux qui avaient accompli des actions d'éclat vinrent les raconter en frappant de leur tomahawk un poteau fiché au milieu de la place. Après la danse du calumet, La Salle reçut un cadeau de soixante peaux de bison. Ensuite, tous les Français, à l'exception de leur chef, allèrent à leur tour, frapper le poteau et conter leurs prouesses. La Salle saisit l'occasion pour prononcer un discours :

— Chefs des Arkansas, leur dit-il, et vous tous qui m'écoutez, je suis La Salle, représentant du roi de France. Vous êtes menacés de tous côtés par de nombreux ennemis. Il est dans votre intérêt d'accepter la protection du plus grand chef des Français, le roi de France. Si vous le faites, nous érigerons sur votre territoire une colonne en l'honneur de Sa Majesté Louis XIV, le roi des Français.

Les festivités en l'honneur des Français durèrent trois jours dans ce village. Les Arkansas firent tout ce qu'ils purent pour leur être agréables. Les femmes, revenues de leur frayeur, leur apportèrent du maïs, des fèves, de la farine, des fruits.

De son côté, La Salle leur offrit quelques présents. Il remarqua que ces sauvages étaient différents de ceux du nord qui sont plutôt d'humeur triste et sévère. « Les Arkansas sont mieux faits, écrit-il, honnêtes, généreux, gais et même discrets. »

De jeunes sauvages désirant le voir, n'osaient entrer dans sa cabane et se tenaient à la porte, évitant de faire du bruit. Le quatrième jour, les gens du village de Kappa vinrent reconduire les Français au bord de l'eau. Ils leur donnèrent deux hommes pour leur servir de guides et d'introduction auprès de leurs alliés, les Taensas, à huit lieues de là. Le Père Zénobe Membré profita de l'occasion pour parler, plus par signes qu'autrement, de la religion chrétienne. « Ils paraissaient, dit le Père, goûter ce que je leur disais ; ils levaient les yeux au ciel et se mettaient à genoux comme en adoration ; nous les voyions aussi se frictionner le corps avec les mains, après avoir frotté la colonne où était la croix. À notre retour de la mer, ils avaient entouré cette croix d'une palissade. »

Les voyageurs reprirent leur route. Le fleuve s'élargissait toujours, la végétation devenait méridionale et l'on tuait des alligators sur les rives. Le Père Membré, qui était peu naturaliste, constata avec surprise que des monstres aussi étranges naissaient tout simplement d'un œuf.

Trois jours après, le 17 mars, les Français prirent pied au bord d'un marécage, sur la rive droite du fleuve. L'un des deux guides arkansas les informa que, tout près de là, se trouvait un village des Taensas. La Salle, désireux de prendre contact avec cette tribu, et se sentant indisposé, y délégua Tonty, le Père Membré, Prud'homme et le chef des Mohicans, accompagnés des deux guides. Ils arrivèrent de nuit.

« Il nous fallut, dit Tonty, porter notre canot environ dix arpents. Pour annoncer leur présence, les Arkansas se mirent à chanter et les Taensas vinrent au-devant d'eux avec des démonstrations d'amitié. Ils les conduisirent à leur principal village en les faisant passer parmi les pêchers et les mûriers. La capitale des Taensas était située près d'un lac ; les cabanes des sauvages s'alignaient comme des maisons européennes. Tonty fut surpris de voir des baraques faites de bousillage, recouvertes de nattes de cannes, ornées de peintures, et disposées en ligne droite, sur plusieurs rangs autour d'une grande place. » Plusieurs maisons étaient importantes. Celle du chef mesurait quarante pieds de façade ; les murs de pisé d'environ dix pieds de haut étaient couronnés d'un dôme recouvert de nattes, d'au moins quinze pieds.

En face de la résidence du chef, ils aperçurent un temple consacré à une divinité locale. À chaque angle, se trouvaient des guérites de bois dur, où des sentinelles montaient la garde nuit et jour. Sur les murailles, apparaissaient, grimaçantes, les têtes des ennemis tués au combat. Sur le faîte, trois aigles en effigie regardaient vers le soleil levant.

Les Français entrèrent dans la maison du chef. Sous un

dôme orné de peintures, se trouvait la salle du trône, gardée à l'entrée par des piquiers. « Je ne fus pas moins surpris, écrit Tonty, de voir le chef assis sur un lit de camp, ayant à ses côtés ses trois épouses. Soixante vieillards l'entouraient, vêtus de grandes couvertes blanches que les femmes tissaient habilement avec l'écorce du mûrier ; c'étaient ses vassaux et les chefs de huit villages voisins. Au milieu de la salle aux murs décorés de nombreuses peintures, étaient suspendues des boucliers et des fusils espagnols. Un flambeau de cannes sèches brûlait au milieu de la place. En signe de bon accueil, tous les Taensas posèrent leurs mains sur leur tête et hurlèrent comme des loups. » [7]

Avant le festin, quelques discours furent prononcés. Les Français mangèrent dans des coupes de terre vernie. Ils remarquèrent que le chef portait seize perles fines suspendues à ses oreilles. Interrogé à ce sujet, il répondit qu'elles venaient de coquilles pêchées dans la mer.

Les chefs jouissaient d'une autorité beaucoup plus grande que dans les tribus du nord. Des domestiques les servaient à table et ne leur versaient à boire dans leur coupe qu'après l'avoir rincée. « Personne ne boit dans la tasse du chef ni ne mange dans ses plats. On ne passe pas devant lui ; on nettoie le chemin qu'il doit parcourir. Quand il meurt, on sacrifie sa première femme, son premier maître d'hôtel et cent hommes de la nation pour l'accompagner dans l'autre monde. » [8]

Tonty, charmé de la réception, offrit au roi des Taensas une épée damasquinée d'or et d'argent, des rasoirs, des couteaux, des ciseaux en étui et quelques bouteilles d'eau-de-vie. Le cacique (chef) parut enchanté. À ses côtés, se trouvaient ses femmes favorites. « Quand le chef leur parlait, dit Tonty, elles criaient trois fois avant de répondre : oh ! oh ! oh ! ce qui est une marque de respect, car elles sont aussi considérées que nos rois. Elles étaient fort belles, bien qu'ayant un visage un peu plat et basané. Elles avaient des yeux noirs et brillants,

7. TONTY, *Mémoires*, éd. Margry, pp. 16-17.
8. TONTY, *Mémoires*, éd. Margry, pp. 16-17 ; CHARLES DE LA RONCIÈRE, *Le Père de la Louisiane*, p. 64 ; GABRIEL GRAVIER, *Cavelier de La Salle*, pp. 189-191.

la taille fine et dégagée, l'air enjouée, riant, heureux. Une petite toque de plumes éclatantes ornait leurs cheveux ; des perles brillaient à leurs oreilles et à leur cou. Leurs bras étaient ornés de bracelets tissés de poils.

« L'une d'elles, d'un air dégagé, montra du doigt une paire de ciseaux que portait Tonty. Celui-ci comprit à demi-mot ; et, tout en ayant l'air d'admirer sa blanche veste, il lui mit discrètement dans la main des ciseaux et un petit couteau d'écailles. Une autre s'enhardit à montrer les épines qui retenaient sa jupe : un étui d'épingles, avec un dé d'argent, la combla de joie. Fort galamment, la troisième femme détacha de son cou un collier qu'elle offrit au chevalier de Tonty ; comme remerciements, elle reçut dix brasses de verroterie en rassade. » [9]

Sur les instances du chef, Bras-de-fer passa la nuit au village. Dès le lendemain, le cacique le pria de porter ses présents à La Salle. Il le fit accompagner de vingt canots contenant des vivres, du maïs, des fruits secs, du sel. Il y avait aussi des pâtisseries qui figuraient des hommes, des bœufs, des cerfs, des crocodiles, etc. Un système de troc fut vite établi : on échangeait une poule contre une alène ou une aiguille.

Pendant l'absence de Tonty, La Salle avait relevé sa position. Il s'aperçut qu'il avait rejoint les contrées explorées par les Espagnols et De Soto. Il avait cru jusqu'ici que le Mississipi était le fleuve Saint-Esprit des Espagnols qui se jetait dans la bais de Mobile (Californie), mais ayant relevé l'altitude avec son astrolabe, il s'aperçut qu'il se trouvait, en réalité, sur le fleuve Esconditio qui se jetait plus à l'Ouest, c'est-à-dire dans le golfe du Mexique.

Lorsque Tonty raconta à son chef sa visite chez les Taensas, La Salle manifesta le désir d'avoir les perles que portait le roi. Son lieutenant retourna donc auprès du cacique qui consentit, sans trop de peine, à les lui céder moyennant quelques présents. D'ailleurs le roi des Taensas voulut lui-même rendre visite à La Salle. Il se fit annoncer deux heures à l'avance par six estafiers qui balayaient le chemin par où leur chef devait

9. Rassade : grains de verroterie.
LÉON LEMONNIER, *Cavelier de La Salle*, pp. 176-177.

passer. Le cacique arriva bientôt vêtu d'une grande cape blanche et portant au côté une épée espagnole damasquinée. Deux hommes le précédaient avec des éventails de plume blanche. Le prince s'assit sur une natte de joncs, avec beaucoup de gravité. L'entrevue fut cordiale. La Salle lui ayant demandé s'il connaissait la mer du sud, il répondit que non et fit comprendre qu'il se trouvait par là des tribus farouches qui dévoraient leurs prisonniers. Effrayés, les deux guides arkansas retournèrent chez eux ; trois Chouanons désertèrent.

La Salle et ses compagnons repartirent le 25 mars. Le 26, Tonty aperçut une pirogue qui traversait le fleuve. Il lui donna la chasse et allait la rejoindre lorsqu'il vit, sur le rivage, environ deux cents sauvages, l'arc et la flèche à la main. Il revint consulter La Salle. Malgré les conseils de son chef, il retourna vers les sauvages et leur tendit le calumet. Ceux-ci consentirent à le fumer et de bonnes relations s'ensuivirent. Le découvreur et les siens passèrent quelques jours chez les Natchez. Leurs habitations ressemblaient à celles des Taensas. Ils étaient vêtus d'un pagne blanc attaché autour des reins par un cordon garni de deux grandes houppes. Les sauvages firent comprendre aux Français qu'ils étaient à dix journées de la mer. Le jeune cacique des Natchez offrit à La Salle quelques dizaines de grosses perles ; la richesse de la tribu.

« Parfois ces Natchez avaient des airs diaboliques. Ils déambulaient nus, à l'exception de leur pagne. Leur corps était barbouillé de noir, de rouge, de jaune et de gris depuis la tête jusqu'aux pieds. Des plumes rouges et noires ornaient leurs cheveux en forme d'aigrettes. Leurs ceintures étaient garnies de sonettes, de grelots ou de petites coloquintes remplies de cailloux. Si l'on ajoute à cela le bruit que font les sauvages en sautant et leurs « hou ! hou ! » continuels qui remplissaient l'air et les bois voisins, on aura une esquisse du portrait que je voudrais faire. »[10]

Les Français repartirent. Durant plusieurs jours, ils ne rencontrèrent personne car les sauvages fuyaient à leur approche. « La Salle passa sans s'arrêter devant trente-quatre villa-

---

10. CHARLES DE LA RONCIÈRE, *Le Père de la Louisiane*, citant Le Page du Pratz, p. 68.

ges, à gauche, et quarante à droite. Les habitants d'une rive étaient à couteaux tirés avec leurs vis-à-vis. L'explorateur ne désirait pas s'attirer l'hostilité des uns en fraternisant avec les autres. Le pays semblait en état de guerre. Un jour, ils virent un canot abandonné contenant un poisson, un pied d'homme, une main d'enfant, le tout boucané. » [11]

Le 3 avril, sur les dix heures, La Salle découvrit dans les cannes de la rive, treize ou quatorze pirogues de Quinipissas. Quelques hommes, envoyés en reconnaissance, aperçurent des pistes qu'ils suivirent. Comme les Français en étaient réduits à manger de la chair de crocodile, ils tentèrent d'entrer en liaison avec les sauvages. Ils virent des pêcheurs que leur présence mit en fuite. Ils les suivirent au village, un calumet à la main, mais ils furent reçus par une volée de flèches ; ils rebroussèrent chemin, comme ils en avaient reçu l'ordre, sans tirer un coup de fusil. En revenant, ils aperçurent un village au-dessus duquel tournoyaient des aigles et des corbeaux. S'en étant approchés, ils ne trouvèrent là que des cadavres, abandonnés après le combat. Le reste du village était brûlé [12].

Le 5 avril, La Salle et ses compagnons remarquèrent que le pays noyé était plein de roseaux, et qu'il y avait des arbres non loin du fleuve. S'étant approché d'un bouquet de trembles, deux hommes grimpèrent à l'un d'eux et déclarèrent qu'ils apercevaient au loin une grande baie. La Salle, ému, partit à la reconnaissance avec deux compagnons. Il constata bientôt que l'eau avait un goût salé et il trouva des crabes enfoncés dans la boue : il avait atteint la mer (6 avril 1682).

Le lendemain, les Français continuèrent leur route et se rendirent compte que le fleuve, en son delta, se divisait en trois branches. La Salle prit celle de l'Ouest, d'Autray celle de l'Est, et Tonty suivit le chenal du milieu. Ce fut lui qui atteignit le premier la pleine mer. Les trois groupes se réunirent de nouveau à la fourche. Les trois chenaux étaient beaux et profonds. Au bout deux lieues, l'eau avait un goût de sel. En continuant, ils arrivèrent à la pleine mer.

« Ils remontèrent les mêmes canaux et se rassemblèrent

11. ROGER VIAU, *Cavelier de La Salle*, p. 103.
12. TONTY, *Mémoires*, éd. Margry, p. 18.

tous avec une joie extrême d'avoir achevé heureusement une si grande entreprise. »[13] « De La Salle, écrit Parkman, avait écrit son nom dans l'Histoire. »[14]

Les Français abattirent un arbre pour en faire un poteau, sur lequel on fixa les armes du roi forgées avec le cuivre d'une marmite. Ils élevèrent aussi une croix, sous laquelle ils enterrèrent une plaque de plomb portant d'un côté ces mots : « Au nom de Louis XIV, roi de France et de Navarre, le 9 avril 1682 ».

La Salle, le premier des Français, venait d'explorer le Mississipi du nord au sud et de découvrir son embouchure au golfe du Mexique. La joie était grande chez tous ces hommes qui, la plupart, depuis plusieurs années, avaient traversé des périls sans nombre pour aboutir au but tant désiré. C'était un record, une performance inégalée. Le découvreur exultait. Il sortit de ses bagages son habit de seigneur, s'en revêtit, endossa le beau manteau écarlate galonné d'or, qu'il s'était sans doute procuré autrefois au magasin de son père. Le moine Zénobe Membré entonna le *Vexilla Regis*, puis le *Te Deum* et on tira trois salves de fusil.

Alors, La Salle, solennel, dégaina son épée de gentilhomme et lut une proclamation pour prendre, au nom du roi de France, possession de ces terres auxquelles il donna le nom de Louisiane. Tous les Français chantèrent ensuite le *Salvum fac regem*, puis on tira de nouvelles salves de mousquetterie, aux cris de : « Vive le roi ! ». Le notaire Jacques de la Métairie qui faisait partie de l'expédition prit acte de la cérémonie en bonne et due forme. Voici le nom des hommes courageux qui signèrent le procès-verbal : De La Salle, Zénobe Membré, missionnaire, Henry de Tonty, François de Boisrondet, Jean Bourdon, le sieur d'Autray, Jacques Cauchois, Pierre Yvon, Gilles Menneret, Jean Michel, chirurgien, Jean Mas, Jean de Lignon, Nicolas de La Salle, La Métairie, notaire.

La Salle pouvait être fier de sa découverte. En descendant le Mississipi jusqu'à son embouchure, il avait ouvert, du nord au sud, une des plus grandes voies de navigation ; il avait

---

13. D'après la relation de Cavelier de La Salle.
14. FRANCIS PARKMAN, *The Discovery of the Great West*, p. 285.

donné à la France une des plus fertiles vallées du monde, au climat doux et agréable.

Aussi, La Salle écrivit-il sur-le-champ au ministre de Louis XIV :

« Il (de La Salle), a, de cette sorte, achevé la plus importante et la plus difficile découverte qui ait jamais été faite par aucun Français, sans avoir perdu un seul homme, dans des pays, où Jean Ponce de Léon, Pamphile de Narvaez et Ferdinand de Soto ont péri sans aucun succès, avec plus de deux mille Espagnols. Jamais aucun Français n'a fait de pareilles entreprises avec si peu de monde et tant d'ennemis. Mais il n'en a tiré aucune utilité pour lui-même, ses malheurs et les fréquents obstacles qu'il a trouvés, lui ayant fait perdre plus de deux cent mille livres, ainsi qu'il le justifiera par des comptes fidèles, à son retour en France. Il s'estimera néanmoins fort heureux s'il a pu faire quelque chose pour la gloire et pour l'avantage de la France, et si ces travaux lui peuvent faire mériter la protection de Monseigneur. » [15]

Un petit incident marqua l'arrêt aux bouches du Mississipi. Les vivres manquèrent. Les voyageurs trouvèrent seulement quelques viandes boucanées, mais peu après ils s'aperçurent que c'était de la chair humaine. Ils laissèrent le reste à leurs sauvages qui la trouvèrent fort bonne.

« Ils durent se contenter de la chair de crocodile et de pommes de terre. Il était impossible de conserver longtemps des hommes à cet ordinaire. Aussi, dès le 10 avril 1682, La Salle se remit en route pour le Canada. Son intention était de revenir au printemps suivant, avec un grand nombre de gens et des familles pour construire un fort et fonder une colonie. » [16]

Avant le départ, La Salle, son astrolabe à la main, prit la latitude. L'instrument marquait entre le 27° et le 28° degré de latitude.

15. Relation de Cavelier de La Salle, cité par Gabriel Gravier, pp. 202-204.
16. GABRIEL GRAVIER, *Cavelier de La Salle*, pp. 204-205.

13

Retour au Canada

Le voyage du retour fut très pénible, faute de vivres. Les explorateurs revirent tour à tour les lieux où ils étaient précédemment passés. Le 15 avril 1682, ils aperçurent des sauvages qui, à leur vue, brandirent leurs tomahawks avec défi. La Salle voulant établir de bonnes relations de voisinage avec eux envoya des hommes à leur village avec des haches et des couteaux. Au lieu d'apporter des vivres, ils lui amenèrent quatre femmes de la tribu des Quinipissas. Campés à peu de distance du bourg de cette nation, les Français remarquèrent plusieurs pirogues d'allures nullement sympathiques. S'étant approché, La Salle leur offrit le calumet. Les sauvages le refusèrent ; il tira un coup de fusil, dans le seul but de les effrayer, et traversa le fleuve.

Ne les pouvant atteindre, il renvoya l'une des femmes avec des présents : haches, couteaux, rassade ; il leur fit comprendre qu'il rendrait ses compagnes contre quelques charges de maïs. Plusieurs sauvages vinrent, le lendemain, dans les environs du campement. La Salle leur fit des propositions de paix qui furent acceptées, et leur donna deux otages. Les Quinipissas firent de même. Ayant reçu les vivres promis, il échangea les trois femmes qui lui restaient contre ses hommes. Trois jeunes guerriers vinrent visiter le camp des Français et se montrèrent arrogants. La Salle décida de redoubler de vigilance. Durant la nuit, il posta ses sentinelles. Un peu avant le jour, l'un des gardiens entendit un bruit de cannes froissées. Il réveilla d'Autray qui trouva que ce n'était rien. Mais La Salle ayant entendu ce bruit pensa tout autrement et alerta ses hommes.

— Aux armes, mes enfants, cria-t-il.

Chacun se mit en devoir de se défendre. Les sauvages, qui entouraient déjà le camp, poussèrent leur cri de guerre. L'un d'eux s'étant jeté sur un Français, voulut lui enlever son fusil mais celui-ci pressa sur la détente et abattit son agresseur. Un combat s'ensuivit. Aux flèches des sauvages, les Français répondirent par un feu bien nourri. La bataille dura jusqu'à l'aube, c'est-à-dire environ deux heures. Les sauvages s'enfuirent alors emportant plusieurs blessés et une dizaine de morts.

« En guise de représailles, La Salle et une partie de ses compagnons allèrent briser les pirogues proches du village des Quinipissas. Les Français auraient voulu poursuivre les Indiens et brûler leur village mais leur chef s'y opposa sous prétexte qu'il manquait de munitions. Les Mohicans, alliés des Français, scalpèrent deux morts et fichèrent les têtes sur des pieux. Ils voulaient même manger les corps mais on les en empêcha. » [1]

Le 18 avril, les voyageurs continuèrent de remonter le fleuve et retrouvèrent les Natchez avec qui ils avaient fait alliance lors de leur passage. Les Indiens, travaillés sans doute par les Quinipissas, se montrèrent méfiants. Arrivés au village, les Français virent autour d'eux quinze cents guerriers et point de femmes. Le doute n'était plus possible : leurs anciens amis se disposaient à les combattre. Le cacique, très affligé, les engagea à partir parce que, disait-il « les jeunes guerriers n'ont point d'esprit ». La Salle ordonna à ses hommes de ne manger qu'en gardant leurs fusils et leur hache près d'eux. Cette précaution fit réfléchir les Indiens et aucun incident n'eut lieu.

L'explorateur continua sa route et arriva chez les Taensas dont les relations furent des plus cordiales. Le 18 mars 1682, il prit les devants avec deux canots conduits par des Indiens. Il arriva au fort Prud'homme où il dut s'arrêter par suite

---

1. Relation de Cavelier de La Salle ; TONTY, *Mémoires*, éd. Margry, p. 20.

d'une grave maladie. Il demanda à Tonty de continuer sa route vers Michilimackinac et ne garda avec lui que le Père Zénobe Membré, pour le soigner, et quelques hommes pour le défendre. Après quelques jours de repos, il reprit sa route et arriva à Michilimackinac en septembre. Il s'y reposa quelques jours et décida de retourner dans la vallée des Illinois afin d'y construire un nouveau fort qui lui garderait l'entrée du Mississipi et de tout le pays qu'il venait de découvrir [2].

Au cours de ses derniers voyages, il avait remarqué, à peu de distance du grand village des Illinois, mais sur la rive opposée, un rocher abrupt de 125 pieds de haut et de 600 pieds de circonférence, très escarpé et surplombant la rivière, de telle sorte que, de la plate-forme, on y pouvait puiser de l'eau ; cet emplacement lui avait paru d'une défense plus facile que celui du fort Crèvecœur, car il n'était accessible que d'un côté.

La Salle avait déjà eu l'idée de ce fort, et Tonty en avait commencé l'érection, lorsque les travaux furent interrompus par suite de la désertion de ses hommes. Cette fois, il chargea son fidèle lieutenant d'engager des Français pour terminer le fort Saint-Louis. Il y fit aménager une palissade de vingt-deux pieds de haut, flanquée de trois redoutes ; quatre autres redoutes et une deuxième palissade de quinze pieds de haut défendaient le reste de l'enceinte. La Salle et Tonty consacrèrent l'hiver à ces travaux et à la construction des bâtiments du fort, auquel on donna le nom de fort Saint-Louis des Miamis.

Sur la rive opposée, s'étendait une vaste plaine, très fertile. Il y fit cultiver du blé. Les Illinois rassurés revinrent habiter leur ancien village et se mettre sous la protection des Français ; d'autres sauvages alliés accoururent également : des Chouanons, des Abénaquis, des Miamis. Ils furent bientôt plus de dix-huit mille dont trois mille huit cent quatre-vingts guerriers réunis au pied du *Starved Rock* [3]. Les sauvages, protégés par les canons de La Salle, avaient construit leurs huttes dans la vaste plaine arrosée par la rivière des Illinois. Cavelier était parvenu au sommet de sa puissance et aurait pu vivre là tran-

---

2. ZÉNOBE MEMBRÉ, cité par Christian LeClercq.
3. Ce rocher se trouve entre les villes actuelles de Buffalo et de La Salle.

quille au milieu des Indiens qui l'aimaient, mais il rêvait plus grand encore : la conquête de toute la vallée du Mississipi [4].

Il ne voulait plus seulement descendre le grand fleuve mais atteindre son embouchure par mer pour le remonter ensuite. Hélas ! il n'avait plus d'argent et son protecteur Frontenac avait été rappelé en France, en novembre 1682, pour être remplacé par le débile La Barre qui considérait comme ennemis tous les amis de son prédécesseur.

La Barre trouva donc moyen de nuire à La Salle. Dans des rapports envoyés à Versailles, il accusa celui-ci de provoquer les Iroquois, de mettre en danger toute la Nouvelle-France. Pour lui donner son coup de mort, le gouverneur fit saisir le fort Frontenac malgré les protestations de ses créanciers. Le découvreur ne voyant pas revenir les hommes qu'il avait dépêchés au fort pour y chercher des vivres, décida de s'y rendre lui-même car il flairait quelque complication. En route, il croisa le chevalier de Beaugis que La Barre envoyait prendre possession du fort Saint-Louis et donner à La Salle l'ordre de rentrer à Québec. L'ordre était superflu et l'explorateur se montra aimable envers Beaugis à qui il remit une lettre recommandant à Tonty de le bien recevoir.

Après qu'on eût ôté à La Salle ses deux forts, on donna le pays qu'il avait découvert à une compagnie de quatorze traitants, dans laquelle La Barre lui-même avait des intérêts. Les Récollets, expulsés de leurs missions, furent remplacés par les Jésuites.

La Salle s'attendait à mieux, lui qui avait écrit au comte de Frontenac qu'il avait fait la plus importante et la plus difficile découverte qui ait jamais été faite par aucun Français.

La région située le long du Mississipi que le découvreur avait nommée Louisiane était couverte de forêts giboyeuses et entrecoupées de plaines immenses et fertiles. Ses compagnons en parlaient comme d'un pays de cocagne.

« À son retour à Québec, en novembre 1683, La Salle, au lieu des louanges méritées, ne rencontre que visages hostiles.

---

4. TONTY, *Mémoires*, éd. Margry ; Christian LeClercq, Ch. XXIV ;
Mémoire de La Salle à Mgr de Seignelay, ministre de Louis XIV.

Frontenac n'est plus là pour le protéger. Son successeur, La Barre, lui refuse armes et munitions, destitue le chevalier Tonty du commandement du fort Saint-Louis, spolie Cavelier de La Salle du fort Frontenac qui est sa propriété, et force le major La Forest qui en a la garde à repasser en France. » [5]

La Salle qui en avait plein le dos de ces tracasseries, partit pour Versailles afin de s'y justifier. Il espérait, en même temps, y trouver un appui pour la grande expédition qu'il projetait : entreprendre une croisière pour découvrir l'embouchure du Mississipi par mer et prendre possession de la Louisione en y établissant une colonie française.

5. CHARLES DE LA RONCIÈRE, *Le Père de la Louisiane*, pp. 72-76.

14

La Salle va se défendre à Paris

La Salle prit donc le premier bateau en partance pour l'Europe et descendit à La Rochelle, l'avant-veille de Noël 1683. Il tenta, sans beaucoup de succès, d'intéresser les marchands de ce port à ses projets d'établir une colonie dans la Louisiane. Puis il se dirigea sur Paris où, comme d'habitude, il logea rue de la Grande-Truanderie, paroisse Saint-Eustache.

Le découvreur avait été précédé à Paris par des rapports malveillants de l'intendant Du Chesneau et du gouverneur La Barre. Dès le 13 novembre 1681, le premier avait écrit au ministre Colbert qu'il tenait La Salle responsable de l'incursion iroquoise au pays des Illinois.

De son côté, dans une lettre du 14 novembre 1682 à Colbert, La Barre accusait l'explorateur de soulever les Iroquois contre les Français. Il ajoutait que le Père Zénobe Membré, en route pour la France, n'avait voulu lui faire aucune communication touchant les découvertes de La Salle. Il ne fallait rien croire de ce que le missionnaire dirait. Cavelier lui-même lui paraissait sujet à caution [1].

« À Paris, La Salle retrouva ses anciens amis et protecteurs. Colbert était mort, mais il avait été remplacé par Seignelay, son fils, qui partageait les mêmes sentiments que son père vis-à-vis le grand découvreur. Le ministre, dès qu'il eût entendu La Salle

---

1. ROGER VIAU, *Cavelier de La Salle*, Paris, 1660, p. 118.

raconter ses voyages avec autant de pittoresque que de sincérité, fut rapidement gagné à sa cause. Il reconnut sa sagesse, son indomptable énergie, l'ampleur de ses idées, sa vaste expérience. » [2]

« L'explorateur remit au ministre un mémoire dans lequel il racontait son dernier voyage en Louisiane et la découverte de l'embouchure du Mississipi ; il répondait aux dénigrations de La Barre et demandait qu'on lui rendît le commandement du fort Frontenac afin de pouvoir rembourser ses créanciers. » [3]

La Salle, présenté au roi, fut reçu fort cordialement ; mais le résultat de l'entrevue fut gardé avec tellement de discrétion que beaucoup de courtisans crurent qu'elle avait échoué. En réalité, Louis XIV était favorable à toute tentative d'évangélisation des Indiens. De plus, La Salle, conseillé et encouragé par les abbés Bernou et Renaudot qui en étaient les promoteurs, avait présenté son gigantesque projet de façon à attiser l'ambition du roi. Il ne s'agissait ni plus ni moins, que de s'allier au transfuge espagnol, le conte Diego de Penalosa, maintenant naturalisé Français, et de concert avec lui, de conquérir le Mexique [4].

Il se flattait d'y réussir si Sa Majesté lui permettait d'organiser une expédition à l'embouchure du Mexique. Il demandait qu'on lui fournit des soldats, auxquels il ajouterait des sauvages, ceux du fort Saint-Louis des Miamis, et avec eux, il ferait la conquête du Mexique et des mines précieuses qui s'y trouvent.

Dans toute cette affaire qui ressemble à un conte des « Mille et une nuits », La Salle fut-il dupe des abbés Bernou et Renaudot, ses amis intéressés, ou usa-t-il de ruse pour amener plus facilement le roi à embrasser ses vues ? Il est difficile de le préciser. Toujours est-il que Louis XIV, conquis par ce rêve de grandeur qui l'enrichirait et étendrait sa domination sur deux continents, fut favorable au projet. Les Espagnols interdisaient aux Français l'accès des ports américains

2. CHARLEVOIX, *Histoire et Description de la Nouvelle-France*, pp. 286-287.
3. FRANCIS PARKMAN, *The Discovery of the Great West*, pp. 296-297.
4. *Mémoire du sieur de La Salle*. Archives du Ministère de la Marine, 1684.

du golfe du Mexique ; le roi désirait porter la guerre en Amérique et son ministre Seignelay l'approuvait.

La Salle ne demandait au roi pour convoyer son entreprise qu'un seul navire de trente canons pour les forts ; deux cents hommes avec leurs armes, leurs munitions et leurs vivres, dont l'entretien serait à la charge du roi pendant six mois [5]. En homme d'expérience, l'explorateur donnait à son expédition une allure militaire afin d'éviter une partie des frais.

Il comptait engager cinquante boucaniers (chasseurs) à Saint-Domingue afin d'encadrer les sauvages qu'il recruterait dans la basse valée du Mississipi. Les Indiens guideraient les alliés qui viendraient avec Tonty au fort des Illinois. Avec une telle armée, il comptait conquérir rapidement la Nouvelle-Biscaye, la province la plus septentrionale du Mexique où il n'y avait, disait-il, que quatre cents Espagnols « plus propres à travailler dans les mines qu'à combattre ».

La Salle triomphait. Le roi lui restitua tous les biens qu'on lui avait enlevés au Canada, et le Gouverneur La Barre reçut cette verte réprimande :

« J'ai appris que vous aviez pris possession du fort de Frontenac, propriété du sieur de La Salle, chassé ses hommes, souffert l'invasion et la dévastation de ses terres, que même vous avez dit aux Iroquois qu'ils pouvaient se saisir de lui comme d'un ennemi de la colonie. Si cela est, il faut réparer l'injustice que vous lui avez faite et remettre toutes ces propriétés au sieur de La Forest, parce que je suis satisfait que ce fort n'ait pas été abandonné comme vous l'avez écrit. » [6]

Quatre jours plus tard, le roi écrivit à de Meules, intendant du Canada pour lui recommander l'exécution de ses prescriptions.

Dans cette dispute, La Salle avait obtenu gain de cause et La Barre qui s'était, en outre, compromis dans une expédition désastreuse contre les Iroquois, fut rappelé en France et remplacé par le marquis de Denonville.

5. Archives du Ministère de la Marine ; cf. Pierre Margry ; LÉON LE-MONNIER, Cavelier de La Salle, p. 177.
6. Lettre du roi Louis XIV à La Barre, le 10 avril 1684. Cf. Parkman, p. 309.

La Salle délégua au Canada son fidèle lieutenant La Forest expulsé par La Barre, pour reprendre possession du fort Frontenac. Il apportait en même temps une lettre pour Tonty dans laquelle l'explorateur lui demandait de se tenir prêt à accourir vers l'embouchure du grand fleuve avec les sauvages alliés, dès qu'on aurait besoin d'eux.

Le roi Louis XIV lui accorda plus qu'il ne lui demandait : un navire de guerre de trente-six canons, le *Joli*, et une petite frégate de soixante tonneaux ; *La Belle*, armée de six canons. Une flûte [7] de de trois cents tonneaux, appartenant à un armateur de La Rochelle, transportait la plus grande partie du matériel, enfin une caîche, sorte de grand yatch, chargé de vin, de viandes et de légumes.

« La Salle avait sollicité du ministre Seignelay, le commandement en chef de l'expédition, qui comprenait deux cent quatre-vingts personnes, mais comme il n'était pas marin, le ministre craignit de lui confier quatre vaisseaux. Après avoir d'abord nommé le capitaine Pingault au commandement du *Joli*, il se ravisa et nomma un vieux loup de mar, capitaine de la marine royale, Beaujeu, pour commander uniquement la manœuvre des navires. « Changement malheureux, car les relations entre La Salle au caractère difficile et Beaujeu furent désastreuses dès le début. » [8]

En principe, d'après les ordres du ministre, La Salle restait le chef en titre de l'expédition, avait seul le choix de la route à suivre, et devenait, une fois sur terre, l'unique commandant des hommes et des soldats.

« Le roi et son ministre Seignelay commirent une autre erreur en divisant le commandement. La Salle, à qui revenait de droit la primauté, était indépendant de caractère ; Beaujeu infatué de son expérience sur mer accepta de mauvaise grâce de se plier aux ordre d'un « aventurier ». Il aurait même voulu partager le commandement sur terre. » [9]

De son côté, La Salle, soupçonneux par nature, ne voulut même pas indiquer au départ dans quelle partie de l'Améri-

7. Flûte : bâtiment de guerre réservé pour le transport du matériel.
8. ROGER VIAU, *Cavelier de La Salle*, Paris, 1960, p. 130.
9. LÉON LEMONNIER, *Cavelier de La Salle*, p. 189.

que se dirigeait l'expédition. Le secret était si bien gardé que l'abbé Renaudot, ami de La Salle et son confident, employa l'hébreu dans une lettre du 30 avril 1684, envoyée à un vieil ami du découvreur, Nicolas Thoisnard, pour lui confier que La Salle se dirigeait vers l'embouchure du Mississipi et non vers le Canada.

Beaujeu, certes, n'est pas content de la décision du roi. Il écrit au ministre Seignelay pour se plaindre de La Salle. Le ministre lui répond : « Vous ne devez pas vous étonner que ledit sieur de La Salle ait le commandement de tout ce qui doit se faire durant ce voyage, puisque c'est lui qui a fait la découverte et qu'il est accoutumé avec les sauvages du pays.

« L'intendant Arnoult dut intervenir ; il rédigea un document en plusieurs articles définissant en noir sur blanc l'autorité du capitaine et de l'explorateur, convention que les deux hommes signèrent après que Beaujeu y eut fait ajouter la condition suivante : « M. de La Salle indiquera la route à suivre et ses avis par écrit ; tout ce qu'il dira verbalement sera réputé nul ». Un beau voyage en perspective, lorsque les deux chefs, dès avant le départ, ne se parlent même plus. » [10]

Enfin, ils se réconcilient, du moins en apparence. Mais comment est composé le corps expéditionnaire ? Des recruteurs envoyés à La Rochelle et à Rochefort — et qui touchaient une prime pour chaque homme — embauchèrent au hasard tous ceux qu'ils purent trouver, en grande partie des chômeurs qui hantent les grands ports, sous tous les climats, ou stationnent près des églises. La clientèle est donc lamentable. Beaujeu n'en écrit pas moins au lieutenant Arnoult : « qu'il n'a jamais vu de meilleures troupes »[11].

De son côté, La Salle réunit une trentaine d'officiers qui n'étaient pas tous gens vertueux. Parmi eux, se trouvait un certain Pierre Meunier, fils d'un secrétaire du roi qui était un « cerveau brûlé », et le jeune marquis de La Sablonnière, ruiné par les plaisirs et qui voulait redorer son blason. Plusieurs missionnaires partaient aussi : trois Sulpiciens, dont l'abbé Cavelier, frère de La Salle, et trois Récollets, parmi les-

---

10. ROGER VIAU, *Cavelier de La Salle*, pp. 132-133.
11. *Id.*

quels le Père Zénobe Membré, récemment rentré en France et qui repartait avec enthousiasme. Des marchands se joignirent à l'expédition afin de commercer à leur compte, entre autres, Le Gros et deux Rouennais : les frères Duhault qui possédaient la moitié d'un navire tandis que le chirurgien Liotot en possédait le tiers. Parmi les partants figuraient aussi des artisans, des laboureurs, et même deux ménages dont l'un comptait huit enfants. Pour nourrir tout ce monde, on avait embauché de gré ou de force sept ou huit servantes d'auberges [12].

La Salle, cependant, avait eu soin de s'entourer de gens fidèles : son frère l'abbé Jean Cavelier, l'accompagnait ainsi que ses deux neveux : Crevel de Morenger vingt ans et Nicolas Cavelier, quatorze ans. Il emmenait aussi Joutel, ami de la famille, dont le père, dit-on, avait été le jardinier de son oncle. Officier de carrière, Joutel désirait connaître d'autres aventures et ne pas « pourrir » en garnison. La Salle avait toujours avec lui son chasseur chouanon Nika qui devait lui rester fidèle jusqu'à la mort.

Après un délai attribuable au mauvais vouloir de Beaujeu, les quatre navires quittent La Rochelle, toutes voiles déployées, le 24 juillet 1684. Expédition à deux têtes, dont le capitaine des navires n'attend rien qui vaille. N'a-t-il pas écrit :
« Je vais dans un pays inconnu chercher une chose presque aussi difficile à trouver que la pierre philosophale, dans une saison avancée, avec des marins chargés à ras bord et un associé d'humeur acariâtre. » Le ministre Seignelay lui-même prévoyait que toutes les difficultés soulevées par Beaujeu mèneraient La Salle à la faillite [13]. Mais le sort en est jeté, il lui faut partir. La Salle partira, et tel un roc inébranlable, il tiendra désormais contre vents et marées. Rien ne le fera plus dévier de son grand projet : trouver le Mississipi par mer et fonder une colonie dans la Louisiane.

12. LÉON LEMONNIER, *La Salle*, p. 191.
13. ROGER VIAU, *Cavelier de La Salle*, pp. 134-135.

15

Où est donc l'embouchure du Mississipi ?

La flottille de quatre vaisseaux quitta La Rochelle, le 24 juillet 1684. Le comte Diego de Penalossa étant mort sur les entrefaites, La Salle a recouvré sa liberté et, dans son esprit, probablement, il n'est plus question de la conquête du Mexique.

Deux jours après le départ, à quarante lieues en mer, le mât de Beaupré du *Joli* se rompt par le milieu. Simple incident, sans doute, mais qui excite la méfiance de La Salle vis-à-vis Beaujeu. Les quatre vaisseaux abandonnèrent le convoi de vingt navires marchands qu'ils devaient escorter jusqu'au cap Finistère et relâchèrent à Rochefort. Ils ne reprirent mer que le 1er août.

Le 16 août, la flottille passait en vue de Gibraltar et le 20, elle approchait de l'île Madère. Beaujeu fit savoir à La Salle qu'il désirait prendre terre pour réparer ses navires, regarnir les cuisines et s'y approvisionner d'eau. La Salle craignant que son projet ne fût connu des Espagnols, refusa. Beaujeu contrarié, insista mais La Salle maintint sa décision et le fier loup-de-mer dut se soumettre.

Le 6 septembre, les navires traversèrent la ligne conventionnelle du Tropique du Cancer. La coutume veut que les matelots célèbrent ce passage par des cérémonies assez loufoques qui se terminent par le plongeon des néophytes dans une cuve. Et le tout s'arrose d'une bonne rasade de vin. La Salle refusa de se plier à cette tradition de la mer et défendit à ses hommes d'y participer. Les matelots lui en gardèrent une rancune tenace. L'explorateur ne sut jamais faire plaisir à ses hommes et cela devait lui être un jour fatal.

Enfin, après deux mois de navigation, on aperçut Saint-Domingue. Une nouvelle dispute s'éleva entre Beaujeu et La Salle. Le commandant de la flotte, à cause du vent, décida d'aborder au Petit-Goave, alors que La Salle aurait voulu aterrir de l'autre côté de l'île, à Port-de-Paix, pour y rencontrer le marquis de Saint-Laurent, lieutenant général des Iles et obtenir son appui pour le recrutement des boucaniers. Beaujeu jette l'ancre à Petit-Goave, le 28 septembre 1684.

Déjà la maladie sévit à bord. Plus de cinquante matelots gardent le lit ; on compte bientôt des morts. On les descend dans un cimetière. Huit des soldats de La Salle y trouvent leur dernier repos. L'explorateur lui-même est terrassé par la fièvre. Deux jours après son débarquement, alors qu'il se promène avec Joutel, il tombe évanoui et on doit l'étendre sur le sable. Transporté dans une pauvre mansarde, il souffre d'une fièvre si violente qu'il délire pendant plusieurs jours, se croyant entouré d'ennemis. Un orfèvre des environs a pitié de lui et lui offre une chambre dans sa maison. L'abbé Cavelier y transporte son frère et le veille. Mais, tout proches se trouvent des cabarets où l'on festoie jour et nuit. Des matelots du Joli, grisés de vin, chantent et dansent toute une nuit devant sa chambre. Tout ce tapage exaspère le malade dont la fièvre redouble.

Un capucin lui offre alors l'hospitalité dans un endroit plus retiré. La Salle, soutenu par deux personnes, se rend à pied dans la cellule du Père où il jouit d'une relative tranquillité. Après une semaine de repos, la fièvre tombe mais, au même moment, on lui apprend, sans aucuns ménagements, que les flibustiers espagnols ont saisi la petite caîche qui contenait beaucoup de provisions. La fièvre reprend et elle dure cinquante jours. Les marins en profitent pour s'amuser et boire tandis que les colons sérieux s'ennuient. Le jeune marquis de La Sablonnière dissipe tout son argent en débauches de toutes sortes.

Alors qu'on désespère du malade, brusquement, la fièvre

tombe. Il cesse de délirer. Les querelles reprennent alors avec Beaujeu que La Salle accuse d'avoir été la cause de la perte de la petite caîche car il a séparé ses vaisseaux et changé la direction fixée d'abord.

Dès l'arrivée à Petit-Goave, La Salle avait délégué Joutel pour prier le Gouverneur des îles de venir le visiter avec ses vaisseaux. En réalité, seul, le *Joli* avait fait escale, ayant devancé les autres qui arrivèrent bientôt, mais la caîche ne parut pas. Le 20 octobre, le marquis de Saint-Laurent, lieutenant général des îles, arriva avec Tarin de Cussy, gouverneur de l'île de la Tortue, et l'intendant Bégon. Le haut major des Antilles avait répondu à l'appel de l'explorateur.

Ces trois personnalités tinrent une réunion avec La Salle, Beaujeu et d'Aigron, les pilotes Le Sage et Duchesne, deux flibustiers exercés à courir ces mers sillonnées de vaisseaux espagnols. Les deux spécialistes ne purent donner de renseignements précis sur l'embouchure du Mississipi.

Après quelques jours de repos, La Salle se dit prêt à repartir mais le ravitaillement retarda le départ jusqu'au 25 novembre. Beaujeu, de mauvaise humeur, ayant dit qu'il ne se soucierait plus que du *Joli* et que les autres bateaux suivraient comme ils pourraient, La Salle quitta le navire avec ses officiers et prit place dans la flûte avec les personnes à qui il se fiait davantage [1].

Les navires longèrent Cuba et naviguèrent près de la côte du continent. À la fin de décembre, ils se trouvaient en face de la baie de Mobile mais ne purent l'identifier. Quant à Beaujeu, il déclinait toute responsabilité, disant que cette mer lui était inconnue.

« À la mi-décembre, l'expédition pénétra dans le golfe du Mexique où l'on avançait maintenant avec prudence à cause des navires espagnols qui croisaient dans ces eaux. Le 27 décembre 1684, pour la première fois, les sondages ramenèrent du sable vaseux. « L'eau était blanche », constata l'ingénieur Minet. On fouilla l'horizon sans voir de terre ; pourtant l'embouchure du Mississipi était là devant eux, mais le rivage était si bas, sans relief, qu'il fut impossible de le distinguer à

---

1. LÉON LEMONNIER, *Cavelier de La Salle*, pp. 194-195.

plus de huit milles. Sur toute la côte, ces conditions, sable vaseux et eau blanche, ne se rencontrent qu'à un seul endroit, au delta du Mississipi jusqu'à une douzaine de milles au large. Par une chance inuoïe, l'expédition touchait du premier coup l'endroit recherché. Mais La Salle et Beaujeu passèrent outre, filant en direction de l'ouest. Ils avaient laissé échapper cette chance unique. » [2]

Autre conséquence fâcheuse : les trois navires ne se voyant plus, à cause de la brume, furent de nouveau séparés. La Salle continua néanmoins de naviguer. Le 6 janvier, il aperçut une grande ouverture dans la côte. Il en sortait un fort courant et des eaux boueuses semblables à celle du Mississipi. La Salle crut avoir trouvé l'embouchure du grand fleuve alors qu'en réalité, il était beaucoup plus à l'ouest, devant la baie de « Gavelston ». Son erreur était d'autant plus plausible que son astrolabe marquait la même latitude.

« Comme la brume persistait, il jeta l'ancre, et le 25 janvier, quand elle se dissipa, il aperçut le *Joli* tout proche et il en fut tout joyeux. Les navires se trouvaient devant la baie de Matagonda, dans laquelle se déverse le Colorado du Texas. La Salle pensait avoir dépassé légèrement l'embouchure du Mississipi. Comme il était pressé d'écarter Beaujeu qui lui portait ombrage et de qui il se méfiait, il lui écrivit de bien vouloir débarquer les troupes à l'endroit qu'il jugeait le plus convenable, car il voulait, disait-il, remplir la mission dont le roi l'avait chargé. » [3]

« Beaujeu annonça à La Salle qu'il avait rencontré une grande baie un peu à l'est qui se trouvait située à 28° 20′ de latitude, le point indiqué par l'explorateur. La Salle décida alors de descendre ses soldats et de les mettre en marche vers l'est jusqu'à ce qu'ils atteignent une grande rivière. Lui-même les suivrait au large avec ses bateaux. » [4]

2. ROGER VIAU, *Cavelier de La Salle*, Paris, 1960, p. 145.
3. LÉON LEMONNIER, *Cavelier de La Salle*, pp. 195-196.
4. ROGER VIAU, *La Salle*, p. 151.

16

La colonie de Saint-Louis du Texas

Le débarquement des troupes et des passagers prit une semaine à cause du mauvais temps. Alors La Salle décida d'envoyer une équipe d'hommes explorer le rivage, sous la direction de son neveu, Crevel de Moranger, et de Joutel. Ils devaient chercher le long de la côte jusqu'à ce qu'ils découvrent une rivière quelconque. *La Belle* et *l'Aimable* les accompagneraient à quelque distance afin de les secourir au besoin.

La petite troupe se mit en marche le 4 février 1685. « Pour dire vrai, raconte Joutel, de cent ou cent trente que nous étions, trente bons hommes eussent valu bien mieux et auraient fait davantage, hors la « mangerie », à quoi ils ne craignaient personne. C'étaient des hommes qui avaient été pris par force ou par méprise, de sorte que nous pouvions dire que c'était presque comme à l'arche de Noé, où il y avait toutes sortes d'animaux, de même que nous avions toutes sortes de gens. »

Le lendemain, 5 février, Joutel entendit des coups de canon du côté des navires et il s'en émut aussitôt : « Le fâcheux malentendu entre La Salle et M. de Beaujeu, écrit-il, me fit appréhender quelque chose, d'autant plus que le navire ne nous avait pas suivis de la nuit ». Les inquiétudes de Joutel étaient injustifiées car il s'agissait d'un simple exercice.

Le 8 février, Moranger et ses hommes arrivèrent sur la rive d'un fleuve qu'ils ne pouvaient franchir. Selon les recommandations de La Salle, ils allumèrent des feux sur les dunes de sable afin de signaler leur présence aux navires. Le *Joli* et *la Belle* ne parurent que le treize février et *l'Aimable* les rejoignit le lendemain. La Salle se mit aussitôt à opérer des sondages. Il trouva la baie fort commode et, croyant que c'était un bras du Mississipi, il résolut d'y faire pénétrer ses vaisseaux.

« Le dimanche, 18 février, *la Belle*, pilote Richaud, appareilla pour y entrer ; à deux heures de l'après-midi, elle mouillait à l'abri de l'îlot qui barrait le golfe. *L'aimable* étant un vaisseau plus lourd, La Salle, avant de le faire entrer, donna ordre de le décharger, en partie, notamment de ses canons et de ses munitions que l'on tronsporta dans des chaloupes. Ce travail achevé, il fit parvenir au capitaine de *l'Aimable* l'ordre de s'approcher de la barre, en ajoutant que, lorsque la mer serait haute, on lui ferait un signal pour qu'il se fît touer. Il lui envoya en même temps Richaud, pilote de *la Belle*, qui connaissait le chenal, puisqu'il venait d'y passer, mais le capitaine de l'Aimable, de mauvaise humeur, refusa toute aide, en disant qu'il avait déjà navigué et qu'il n'avait besoin du service de personne pour entrer dans une baie ! » [1]

À ce moment, accoururent au village, hors d'haleine, sept ou huit ouvriers que le découvreur avait envoyés dans la forêt pour y creuser un gros arbre et en faire une pirogue. Ils racontèrent que, surpris par un groupe de sauvages, ils s'étaient enfuis au milieu d'une grêle de flèches. Jamais plus, disaient-ils, ils ne retourneraient dans la forêt à moins d'être accompagnés de soldats. La Salle demanda à un groupe de militaires de prendre leurs armes et d'aller avec lui à la rencontre des Indiens. Ceux-ci, en entendant le bruit des tambours, s'enfuirent aussitôt. Alors, l'explorateur décida de parlementer.

Lui-même et sept de ses hommes quittèrent leurs armes, à l'exception de quelques pistolets dissimulés sous leur justaucorps. Les sauvages s'approchèrent également sans armes et l'entrevue fut cordiale. La Salle laissa cinq hommes en otages et ramena sept ou huit indigènes à qui il donna des couteaux et avec qui il essaya de causer. À ce moment, la mer était haute et il était temps pour *l'Aimabl*e d'entrer dans la baie. Croyant que sa présence n'était pas nécessaire, Cavelier recon-

1. LÉON LEMONNIER, *Cavelier de La Salle*, pp. 197-198.

duisit les sauvages à l'endroit où il les avait pris, dans l'espoir d'y trouver les otages français. Mais il ne rencontra personne. Il se rendit alors au village situé à une lieue et demie. Durant le trajet, il vit venir vers lui un groupe de sauvages qui lui faisaient des signes l'invitant à se rendre à leur village. Il se composait d'une cinquantaine de wigwams faits de perches recouvertes de nattes de joncs. Les hommes étaient nus. Les femmes portaient une peau de bête à la ceinture. Le chef invita les Français à entrer dans son wigwam mais La Salle refusa, car il se méfiait et, de plus, il était pressé de rejoindre les siens.

Pendant la conversation avec les Indiens, il jeta un coup d'œil sur la côte et il vit *l'Aimable* à la voile pour entrer. Les sauvages admiraient la manœuvre mais La Salle jugea, au contraire, que le navire gouvernait mal et il en fut inquiet ; mais comme il était trop loin ; il ne pouvait être d'aucun secours.

Quelques moments plus tard, alors que Français et Indiens palabraient à l'entrée du village, on entendit un coup de canon et tous les sauvages se couchèrent sur le sol, effrayés. L'explorateur blêmit, car il devina que la frégate était dans une position dangereuse. Bientôt, il la vit serrer ses voiles.

Quand il entra au camp, il apprit la nouvelle qu'il redoutait : *l'Aimable* était à la côte. Toujours soupçonneux, il ne manqua pas de voir dans l'incident, une nouvelle machination de ses ennemis. Joutel, témoin du naufrage, ne douta pas un instant d'un sabordage. Jamais manœuvre n'avait été plus mal exécutée. Tandis que le matelot, dans la hune, criait : « au lof ! » d'Aigron, an contraire, ordonnait « d'arriver »... Peut-être lui-même et son pilote Mengaud avaient-ils trop abusé de la bouteille suivant leur habitude. Toujours est-il que *l'Aimable* avait donné sur une batture. [1]

La Salle, cependant, ne se découragea pas. Ne pouvant sauver le vaisseau, il chercha à mettre en sûreté le contenu et pria Beaujeu de lui prêter la chaloupe du *Joli*. On commença par enlever la poudre, puis les farines. Le vent était si fort que les mâts ébranlaient le navire qui menaçait à chaque instant de s'ouvrir. Il fallait couper les mâts, mais personne

---

1. ROGER VIAU, *Cavelier de La Salle*, pp. 153-154.

ne se proposait pour pareille opération qui pouvait être dangereuse. Alors, le Père Zénobe Membré qui était sur le pont de *l'Aimable* donna l'exemple. Il saisit une hache et abattit le grand mât. D'autres hommes lui prêtèrent main forte et bientôt le navire, soulagé de ses mâts, reprit son équilibre.

Durant les jours suivants, le vent redoubla de violence et il fut impossible de décharger entièrement la frégate. Un matin, on s'aperçut que le bateau avait sombré durant la nuit ; seuls flottaient épars les objets les plus légers : barriques de vin, barils de viande, de farine et de légumes, que La Salle réussit à recouvrer. Tous les objets lourds avaient disparu, entre autres l'enclume de la forge, les meules du moulinet, plusieurs caisses de munitions. La perte était grave pour la petite colonie [2].

Comme La Salle avait besoin de canots, il envoya quelques hommes au village indien pour en acheter, sous le commandement de Moranger, son neveu ; mais ces jeunes gens négligèrent la précaution de déposer leurs armes. Les sauvages s'enfuirent à leur approche et les Français s'emparèrent de quelques canots et s'embarquèrent. Sans avirons, ils ne purent aller bien loin. L'obscurité les surprit et ils campèrent autour d'un feu. Durant la nuit, ils furent attaqués par les sauvages qui tuèrent deux hommes et blessèrent Moranger d'une flèche au bras [3].

Cet incident démoralisa un certain nombre de Français. Mais le chef, impassible, fit enterrer les morts honorablement. Les canons remplacèrent les cloches. L'explorateur, voyant le danger de sa situation, décida de se fortifier là où il se trouvait. Il fit construire un petit fort qu'il nomma le Grand Camp.

« Il date maintenant ses lettres à Seignelay : « De l'embouchure de la rivière Colbert », mais il manque de conviction ; d'autre part, Beaujeu croit sa mission terminée et prépare son retour en France. La Salle lui dit de retourner à l'endroit qu'il avait pris pour l'embouchure du Mississipi et qui n'était autre que la Baie de Galveston. Si le *Joli* ne pouvait y séjour-

---

2. LÉON LEMONNIER, *Cavelier de La Salle*, p. 200.
3. LÉON LEMONNIER, *Cavelier de La Salle*, p. 200.

ner, il se rendrait à la baie de Mobile et y attendrait le découvreur pendant un mois. Après ce laps de temps, s'il ne recevait pas de nouvelles, il pourrait considérer sa tâche comme accomplie et retourner en France avec le *Joli*. À mesure que les deux hommes se préparaient à se quitter, ils se traitaient avec plus de courtoisie et cessaient de se jalouser. Beaujeu mit à la voile pour la France, le 12 mars 1685. Il ramenait l'ingénieur du roi, Minet, qui au mépris des ordres reçus en France, refusait de seconder La Salle. Dès son retour dans la métropole, il fut incarcéré dans la tour de La Rochelle. Retournaient également en France, Nicolas de La Salle et l'abbé d'Esmanville.» [4]

Beaujeu parti, La Salle continua l'érection du fort. Les débris du navire et des pièces de bois qu'on coupa dans la forêt fournirent les matériaux. Quelques hommes désertèrent mais ils furent vite rattrapés. Peu à peu, la situation s'améliora. On construisit un four avec de la terre glaise parce que les les briques réfractaires avaient péri dans le naufrage de *l'Aimable*.

« Au Grand Camp, les conditions de vie étaient plutôt déplorables. Bâti sur des dunes balayées par le vent, l'eau y était saumâtre, la viande fraîche manquait et une bonne partie du lard salé était corrompu. On en fut réduit à se nourrir de serpents et d'huitres. La maladie ravagea le camp et plusieurs hommes moururent. » [5]

La Salle impatient de reconnaître le pays, laissa le commandement du fort à Moranger avec une population d'environ deux cents personnes. Il partit, le 24 mars 1685, avec quarante-sept hommes, les deux Récollets, son frère l'abbé Cavelier et un autre Sulpicien. Ils se répartirent dans les canots volés aux sauvages et dans la chaloupe de la *Belle*. Le 2 avril, ils atteignaient une petite rivière qui se jette dans le fond de la baie et où venaient s'abreuver des troupeaux de bisons. La Salle la nomma la *Vache* ou Rivière-aux-bœufs, et elle a conservé ce nom, en Espagnol : la *Vaca*. Il la remonta sur une courte distance. Des bosquets d'arbres apparaissaient çà et là,

---

4. ROGER VIAU, *Cavelier de La Salle*, pp. 155-156.
5. ROGER VIAU, *Cavelier de La Salle*, p. 156.

dans la prairie, la terre paraissait bonne, les bisons et le petit gibier abondait. L'endroit parut excellent pour y établir provisoirement la colonie, en attendant de trouver la véritable embouchure du Mississipi. La Salle revint donc au fort et demanda qu'on équarrît des arbres, pendant qu'il retournait achever l'installation. Il emmena avec lui son neveu Moranger et laissa Joutel pour commander le Grand Camp où séjournaient la plupart des membres de l'expédition.

Un petit navire espagnol qu'ils virent passer ne manqua pas de les impressionner car ils se crurent découverts. De plus, l'un des marchands, Le Gros, était allé à la chasse, fut mordu par un serpent à sonnettes, et sa jambe enfla de façon fort inquiétante.

Au début de juin, Joutel vit arriver deux canots apportant les ordres de La Salle. Tous devaient se rendre à la colonie de Saint-Louis (nom donné par La Salle au nouveau fort), à l'exception de trente hommes qui resteraient dans le fortin en attendant que *La Belle* pût venir chercher ce qui restait. Joutel garda donc avec lui trente hommes parmi lesquels se trouvaient des mécontents. Ils complotèrent même de le poignarder ainsi que Le Gros qui gardait le magasin, afin d'emporter tout ce qui leur était nécessaire. L'un des mutins dévoila le complot à Joutel qui fit mettre aux fers les deux meneurs.

Vers la mi-juillet, *La Belle* arriva pour emporter le matériel. La Salle avait recommandé d'enterrer ce qu'on y laisserait comme inutile et de cacher même les traces du fort pour ne pas éveiller les soupçons des Espagnols.

« La nouvelle colonie de Saint-Louis du Texas était dans un piteux état. Les semences n'avaient rien produit et les vivres s'épuisaient. La construction du fort ne progressait guère. On dut se contenter d'élever une palissade autour du camp. La forêt était éloignée d'une lieue et il fallait traîner les pièces de bois. Les hommes manquaient de courage et d'entrain. La Salle croyait fonder une colonie, ce fut le cimetière qui se peupla d'une trentaine d'hommes. » [6]

Suivant son habitude le chef se montrait froid et sévère envers ses compagnons et ne vivait jamais avec son entou-

6. ROGER VIAU, *Cavelier de La Salle*, p. 157.

rage. Quand il ne dirigeait pas les travaux, il se retirait dans sa cabane pour y lire des livres reliés avec luxe, et qu'il avait sauvés du naufrage. Le chagrin qu'il éprouvait de ne pas réussir, le portait à maltraiter ses subordonnés qu'il privait parfois de nourriture. Un certain nombre d'hommes, malgré les défenses, mangèrent des fruits inconnus qu'ils allaient cueillir la nuit. Une trentaine de personnes moururent pour avoir mangé le fruit défendu, mais qui était bon au goût. Les deux femmes venues avec leur mari étaient maintenant veuves, et l'une restait avec huit enfants. Le maître charpentier disparut et on ne le revit jamais.

Joutel proposa d'aller chercher les pièces de bois équarries de l'ancien fort, qu'il avait enterrées sur le bord de la mer. Après lui avoir d'abord répondu non, La Salle se ravisa et donna son consentement. Avec le bois ainsi apporté, on put construire deux maisons que l'on couvrit de vieilles planches. Il fallut les revêtir de peaux de bison pour se protéger contre la pluie.

Dans la grande maison, on aménagea quatre logements, un pour La Salle et ses parents, un pour les missionnaires, un pour les officiers, et un vaste magasin. Les femmes et les enfants habitaient la petite maison. Les hommes et les soldats se construisirent des cabanes aux alentours.

Situé sur une petite éminence d'où la vue s'étendait fort loin, le fort occupait une position agréable. Voici la description qu'en donne Joutel : « À proximité de la baie Saint-Louis et à deux lieues dans les terres, le nouveau fort se dressait sur un petit coteau, qui dominait la Rivière-aux-bœufs, où les bisons en troupes nombreuses venaient boire. De vastes campagnes s'étalaient aux environs et foisonnaient de gibier : bisons, chevreuils, lapins, perdrix, outardes et dindons. Au midi, la paine était coupée de bosquets Dans un marais, vers le Nord, grouillaient les oiseaux d'eau : courlis, canards, oies, cygnes, pluviers, spatules et grands gosiers. Les barbues, truites et poissons rouges de la rivière fournissaient d'excellents plats, dont les sauces étaient assaisonnées avec des œufs de tortues. Des légumes de tous genres : citrouilles, betteraves, melons d'eau, alimentaient la cuisine. Enfin des fleurs de toutes sortes faisaient des bords de la Rivière-aux-bœufs un pays de cocagne...»

Il fallait cependant se défier des caïmans qui, parfois, emportaient un cochon importé de France qui se vautrait sur les rives. Les indigènes se tenaient à une distance respectueuse. Les quatre canons placés aux coins de la maison, bien que dépourvus de boulets (Beaujeu n'avait pas voulu en donner à La Salle), leur inspiraient la peur.

Cependant la jambe de Le Gros, mordu par un serpent, enflait de plus en plus. Le chirurgien Liotot dut la lui amputer et le malade mourut deux jours après. Il laissait une petite fortune dont La Salle se saisit. Quant à ses vêtements et à ceux des autres morts, ils furent vendus par estimation et payés par des billets.

L'abbé Cavelier lui-même était malade, ce qui contrariait La Salle qui aurait voulu l'emmener avec lui dans un voyage qu'il projetait pour retrouver le Mississipi. La guérison tardait, il partit avec quelques hommes pour une excursion de reconnaissance. Il se dirigea vers le nord et rencontra un grand village de Cenis, entouré d'une muraille en pisé. Les cabanes hautes de quarante à cinquante pieds et recouvertes d'herbes sèches, ressemblaient à d'immenses ruches. Les sauvages montrèrent aux Français des marteaux, des sabres, une enclume et divers objets : lampes et cuillers d'argent, épées, mousquets, pièces de monnaie, vêtements ayant appartenu aux Espagnols. Ils conservaient même une bulle du pape dispensant les colons du Nouveau Mexique de jeûner en été. La Salle rentra à la colonie sans avoir pu trouver des guides pour le conduire au grand fleuve.

Dès que son frère fut rétabli, il partit de nouveau, accompagné de cinquante hommes, à qui il avait fait fabriquer des cuirasses de bois avec des douves. Il laissait le commandement du fort à Joutel à qui il recommanda de ne recevoir aucun homme, à moins qu'il ne portât une lettre signée par lui.

Le 31 octobre 1685, il quittait Saint-Louis du Texas avec ses compagnons dans des canots ou sur *La Belle*, pour explorer toute la baie et vérifier si elle n'était pas contiguë à celle du Mississipi. Il longea la côte de façon méthodique, fouillant toutes les anses, pendant que la barque tenait le large et mouillait, chaque soir, vis-à-vis du lieu où La Salle campait.

Le 2 novembre, il aperçut sur la côte, une bande de sauvages ennemis ; aidé de ses hommes, il détruisit leurs huttes, tandis que Moranger ôtait de force à sept ou huit sauvages, la chaloupe de la *Belle* emportée par le vent. Les Français ramenèrent du champ de bataille, une sauvagesse blessée et sa petite fille. Dans sa fierté, la femme arrachait les pansements qu'on lui faisait. Elle mourut peu après. Quant à la fillette, les blancs la gardèrent avec eux.

Le pilote et cinq de ses hommes ayant débarqué imprudemment sur la grève pour faire cuire les aliments, furent surpris par les indiens et massacrés. La Salle leur fit rendre les derniers devoirs et résolut de continuer son exploration par terre. Il laissa le commandement de la *Belle* au pilote en second, Tessier, « promu au premier rang par suite de la mort de son supérieur ». Il eut soin de mettre aux fers certains hommes qui lui avaient causé du trouble par leurs désertions et leurs complots.

« La Salle partit avec une vingtaine de compagnons dans des canots. Les explorateurs remontèrent une petite rivière, débarquèrent, marchèrent à travers bois à la recherche d'un village. Chacun portait sur son dos un gros ballot de marchandises pour les échanges avec les sauvages. La Salle marchait en tête de la colonne et son neveu, Crevel de Moranger, en queue. Un jour, Duhault l'aîné, s'attarda à l'arrière pour raccommoder son paquet et ses mocassins ; il demanda à Moranger de l'attendre mais celui-ci, hautain, refusa. Duhault, par la suite, essaya vainement de rejoindre les autres, malgré les coups de fusil qu'il tira au risque d'être attaqué par les sauvages. Découragé, il revint sur ses pas, trouva un canot laissé par La Salle et retourna vers le fort. Craignant d'être pris pour un ennemi, Duhault appela. La sentinelle prévint Joutel qui accourut et vit cet homme seul dans un canot, sur la rivière, et qui criait : « Dominique » ! C'était le nom de son jeune frère resté à la colonie. Joutel accueillit le nouveau venu avec

méfiance car il se rappelait les recommandations de La Salle :
« N'accepter aucun homme à moins qu'il soit muni du mot
de passe : « Au nom de la Sainte Trinité ». Mais le marchand
raconta son histoire d'une façon si sincère qu'il fut accepté ».
Duhault se souviendra de la traîtrise de Moranger. »[7]

Pendant ce temps, La Salle continuait ses explorations. Il
retourna au village des Cenis mais comme ceux-ci lui refusèrent des guides, lui et ses hommes parcoururent le pays pendant plus de deux mois, subirent trente-cinq jours de pluie
et durent marcher dans les bois et les campagnes avec de l'eau
jusqu'à mi-jambe. Pour ne pas s'égarer, ils suivaient le sentier
tracé par les bisons en allant boire, et ils étaient sûrs d'atteindre ainsi un cours d'eau. Ils traversèrent, sur des radeaux
improvisés, une trentaine de rivières. Au début de février
1686, La Salle en trouva une si large qu'il la prit pour le Mississipi, bien que sa boussole lui indiquât qu'elle ne coulait
pas dans la direction voulue. C'était, en réalité, un des
affluents du grand fleuve, la Rivière Rouge. Les Français la
suivirent pendant deux jours sans apercevoir personne. Enfin
un village apparut. Ils déchargèrent leurs fusils tous ensemble
pour faire fuir les Iroquois. Ils purent ainsi s'approvisionner
en maïs et laissèrent, en échange, des couteaux, des ciseaux
et des aiguilles.

À peine étaient-ils repartis qu'ils virent deux sauvages qui
accouraient vers eux avec force démonstrations d'amitié.
La Salle reconnut deux de ses anciens compagnons qui se
précipitèrent sur lui pour l'embrasser. C'étaient des Chouanons qui avaient descendu le Mississipi avec lui lors de la
précédente expédition et qui, effrayés par les récits des Taensas, s'étaient enfuis. Les sauvages insistèrent pour que La Salle
revînt dans leur village, et il y séjourna quelques jours. Puis
il reprit sa route vers la colonie de Saint-Louis du Texas, désireux de rejoindre ses hommes et d'explorer la côte à fond
sur la *Belle.*

Joutel et ses compagnons attendaient avec impatience le

---

7. LÉON LEMONNIER, *Cavelier de La Salle,* pp. 208-209.

retour de leur chef. Vers la fin de mars, le commandant du fort Saint-Louis aperçut un groupe de personnes venant du Nord-Ouest. Croyant à des ennemis, il fit prendre les armes à quelques soldats. Mais à mesure que les étrangers approchaient, il reconnut La Salle, son frère l'abbé Cavelier, Moranger et leurs compagnons. La soutanelle de M. Cavelier était en lambeaux.

Après les premières démonstrations de joie, l'explorateur apercevant Duhault l'aîné, demanda à Joutel pourquoi il l'avait accepté. Le marchand se justifia lui-même et le chef se calma vite. Tous se rafraîchirent ensemble avec du pain et de l'eau-de-vie car le vin manquait. Joutel dit à La Salle que le reste de ses hommes étaient passés par la rivière pour voir en quel état se trouvait la *Belle*. Le lendemain, le second groupe arriva avec une mauvaise nouvelle : le navire avait disparu [8].

« La Salle partit aussitôt à la recherche de la barque. Il eut beau fouiller la baie, il ne trouva aucune trace du vaisseau. Un mois plus tard, un frêle esquif apparut. Il portait l'abbé Chefdeville et quatre de ses compagnons. C'étaient les seuls survivants de la *Belle* ; la petite frégate était perdue. L'abbé en raconta l'histoire. Un jour, cinq hommes en chaloupe s'étaient dirigés vers la terre en quête d'eau fraîche. Comme ils tardaient à revenir, deux hommes partirent à leur recherche en cayeu, sorte de petit radeau. Pour retrouver ces derniers qui ne revenaient pas plus que les premiers, le pilote voulut approcher la barque du rivage. Comme il était ivre — ce qui était plutôt normal chez lui — il lança la *Belle* sur un banc de sable. Les cinq rescapés arrivaient aujourd'hui après avoir été assez heureux de trouver un vieux canot, perdu il y a des mois et qu'ils avaient aperçu échoué sur une grève. Quinze hommes avaient péri ; seuls les papiers du découvreur et ses vêtements, dont le fameux manteau rouge, avaient été sauvés du naufrage. La perte de la *Belle* anéantissait les espoirs de La Salle de retrouver le Mississipi par mer. » [9]

Pour la première fois, l'explorateur faillit se décourager.

---

8. LÉON LEMONNIER, *Cavelier de La Salle*, pp. 213-214.
9. OLIVIER MAURAULT, *La mission canadienne*, p. 67.

Son grand rêve était-il anéanti ? Mais il se ressaisit vite. Il ne fallait pas laisser sa petite colonie à l'abandon. « Il prit la résolution d'aller chercher du secours au fort Saint-Louis des Illinois où Tonty, sans nouvelles de son chef depuis plus d'un an, devait s'inquiéter. En marchant toujours dans la direction du nord-est, on ne pouvait manquer d'atteindre le pays des Illinois. » [10]

La Salle décida de partir.

10. ROGER VIAU, *Cavelier de La Salle*, Paris, 1960, pp. 161-162.

17

La Salle assassiné

« La Salle choisit son frère l'abbé, pour commander l'expédition, mais pour être sûr de suivre le bon chemin, il le conduirait lui-même jusqu'au grand fleuve. » [1]

Ceux qui restèrent au fort partagèrent leur linge avec les voyageurs qui avaient usé le leur dans les halliers. Plusieurs des hommes qui avaient fait le premier voyage étaient trop fatigués pour repartir. La Salle les remplaça par d'autres. Mais comme, la première fois, il avait choisi les plus sûrs, il dut se contenter de gens dont il fallait se méfier ; hélas ! il n'avait pas le choix.

Les voyageurs se munirent de deux livres de poudre par personne, enveloppée de trois sacs différents pour les préserver de l'humidité : le premier, de toile ; le second, d'étoffe goudronnée. Chacun emportait, de plus, trois livres de balles, une livre de plomb, cinq livres de farine, ainsi que des haches, deux douzaines de couteaux et quelques alènes pour les échanger avec les sauvages.

Le 28 avril 1686, La Salle partit avec vingt hommes, parmi lesquels se trouvaient l'abbé Cavelier son frère, Moranger son neveu, le Père Anastase Douay, Duhault le jeune, le chirurgien Liotot, deux domestiques et le canotier James [2], flibustier allemand engagé à Saint-Domingue. L'explorateur promit que,

---

1. LÉON LEMONNIER, *Cavelier de La Salle*, p. 213.
2. Certains auteurs l'appellent aussi Hiems.

dès qu'il aurait retrouvé le fleuve Mississipi, il reviendrait sans tarder.

Joutel commanderait le fort. Ceux qui restaient passèrent leur temps comme ils purent. La vie sociale reprit son cours. Les hommes chassèrent, boucanèrent la viande, creusèrent une cave pour la conserver, recouvrirent d'écorce les maisons. Le Père Zénobe Membré fit un jardin où l'on cultiva betteraves, chicorée, melons et citrouilles. Les lapins en mangèrent une partie et, en une nuit, un caïman dévora toute la récolte.

Il y eut quelques escarmouches avec les sauvages mais Joutel fit tirer du canon et les Indiens s'enfuirent en hurlant.

« Les femmes jetaient une note de gaieté dans la petite colonie. Le soir, Joutel organisait des danses auxquelles quatre jeunes filles participaient. Le lieutenant Barbier, dit Minime, demanda avec instance d'épouser la *Princesse*, surnom donné par La Salle. À la prière des deux Récollets, le lieutenant donna son consentement. Le Père Anastase Douai baptisa en même temps, la petite sauvagesse orpheline qui mourut quelques jours après. » [3]

Mais au fort Saint-Louis, les munitions s'épuisaient. Après avoir abattu un bison, on tâchait de retrouver la balle pour qu'elle servît de nouveau. Il arriva ainsi aux chasseurs d'abattre trois ou quatre bisons avec le même projectile.

Comme La Salle tardait à revenir, on commença à s'inquiéter. Seul, Duhault l'aîné prenait les choses de haut et disait qu'avec ou sans La Salle, il se tirerait d'affaire. Ayant eu la chance de sauver tout ce qui lui appartenait, dans le naufrage de la *Belle*, il se trouvait maintenant l'homme le plus riche de l'expédition.

Un soir que les colons se divertissaient dans le fort Saint-Louis du Texas, ils entendirent quelques voix de l'autre côté de la rivière. Joutel cria : « Qui vive » et l'on répondit « France ». Le commandant reconnut la voix de La Salle criant qu'il revenait avec des chevaux. Il les laissa à la garde de ses gens de l'autre côté de la rivière, car on ne pouvait les faire traverser de nuit. Le lendemain, arrivèrent les cinq bêtes chargées de maïs, de fèves, de graines et de vivres de toutes sortes.

3. ROGER VIAU, *Cavelier de La Salle*, pp. 157-158.

La Salle expliqua la provenance des bêtes et des vivres et raconta son voyage.

Sur les vingt hommes partis le 28 avril, huit seulement revenaient à l'automne 1686. Les autres s'étaient égarés, avaient fui ou étaient morts de diverses manières. À l'épreuve, La Salle avait renvoyé cinq de ses compagnons au fort, parce qu'il les jugeait incapables de supporter les fatigues du voyage. Aucun n'y parvint. Parmi eux, se trouvait Dominique Duhault. Son frère, Duhault l'aîné, conçut dès lors pour La Salle, une haine farouche et ne manqua pas d'y associer mentalement Moranger qu'il haïssait depuis qu'il l'avait lui-même abandonné. Il confia sa peine et sa rancune au chirurgien Liotot qui, lui non plus, n'aimait guère le neveu de La Salle. Ces deux hommes furent désormais unis dans une haine mortelle contre l'oncle et le neveu.

Le groupe La Salle, parti le 28 avril, prit donc la direction du nord. Parfois il suivait les pistes des bisons, mais souvent il devait s'ouvrir des sentiers à travers les forêts ou bien franchir en radeau les nombreuses rivières qui leur barraient la route. On traversa ainsi la *Princesse* et la *Mignonne*, puis la *Sablonnière* et la *Maligne* que le découvreur surnomma ainsi, après que son domestique Dumesnil y fut dévoré par un alligator. Un jour, l'embarcation de La Salle fut emportée à la dérive par le courant ; son radeau s'étant heureusement arrêté sur un arbre qui flottait, il fut sauvé par ses compagnons [4].

« Le troisième jour de son voyage, La Salle rencontra quatre cavaliers bottés. En corselet de cuir, à l'épreuve des flèches, un rhingrave (culotte) de peau de loup, leur tombait de la ceinture aux genoux. Bonnets à poils, bottines en peau d'élan, boucliers en cuirs mosaïqués, mors en dents d'ours donnaient aux Ouaquis l'apparence de gens civilisés. Leurs femmes, coiffées de chapeaux de joncs ou de canne, chaussées de hautes bottines, portaient jusqu'à mi-cuisse, une veste d'un tissu très fin. » [5]

En arrivant au village des Cenis, La Salle assista à un défilé de la victoire. Au devant de lui, s'avancèrent les Anciens.

---

4. ROGER VIAU, *Cavelier de La Salle*, p. 164.
5. CHARLES DE LA RONCIÈRE, *Le père de la Louisiane*, pp. 99-100.

Ils avaient le visage barbouillé de noir et de rouge, une peau de chevreuil jetée sur les épaules, une couronne de plumes sur la tête, une épée espagnole à la main, la garde ornée de fleurs. Les guerriers et la jeunesse formaient la haie. La main droite levée, ils poussèrent tous des hurlements de joie [6].

« Les Français furent reçus dans une grande et haute cabane qui avait la forme d'une ruche à miel. Un plancher de cannes au-dessus de la porte supportait la moisson de maïs, et un second grenier, au côté opposé, contenait grains, fèves, noix, glands et autres vivres. On y servit à La Salle un grand pot de sagamité, sur lequel un vieillard étendit les mains en marmottant quelques mots. » [7]

Au village des Cenis, l'explorateur avait rencontré des Comanches qui, à force de voler des chevaux aux Espagnols, étaient devenus des cavaliers accomplis. Le Père Anastase Douay fut surpris et édifié en les voyant faire le signe de la croix car ils se disaient chrétiens. L'un d'eux dessina même sur une écorce une vierge pleurant au pied d'un crucifix. Leur conversion ne les empêchait pas de haïr les Espagnols, de les piller et même de les massacrer.

« Malgré leur barbarie, les Cenis et leurs voisins exercèrent sur les compagnons de La Salle une attraction si grande que quatre d'entre eux désertèrent. L'explorateur en conçut un tel chagrin qu'il tomba malade, le 24 août. Il ne put reprendre qu'un mois plus tard la route du fort Saint-Louis de la Rivière-aux-bœufs, à cinquante lieues de là. » [8]

Les Cenis se montrant fort accommodants, l'explorateur leur acheta des provisions et se procura même des chevaux, à raison d'un cheval pour une hache. Un Cenis offrit même d'en céder un autre pour le capuce du Père Douay, mais celui-ci refusa.

« Comme la route s'annonçait encore très longue, La Salle jugea prudent de retourner chercher de l'aide au fort Saint-Louis du Texas et c'est ainsi, qu'un soir, Joutel avait aperçu des cavaliers de l'autre côté de la rivière. Une fois remis de

6. GABRIEL GRAVIER, *Cavelier de La Salle*, p. 312.
7. CHARLES DE LA RONCIÈRE, *Le Père de la Louisiane*, pp. 99-100.
8. LÉON LEMONNIER, *Cavelier de La Salle*, p. 220.

ses fatigues, La Salle songea à repartir. Il lui fallait de la marchandise, surtout des couteaux et des haches pour troquer avec les Indiens. Comme il n'en avait plus, il en demanda au marchand Duhault à qui il donna un billet. Il lui acheta de la même façon de la toile pour faire des chemises. Duhault n'osait pas protester tout haut mais sa rancune devint de la haine. La Salle ne semblait pas s'en apercevoir. Depuis qu'il croyait avoir repéré le Mississipi, il avait en même temps recouvré la sérénité. Cette égalité d'humeur rassurait tous ses compagnons. Il passa les fêtes de Noël à la colonie et l'on y célébra la messe de minuit. Le jour des rois, on cria joyeusement : « Le roi boit ! » en levant des verres remplis d'eau, car il n'y avait plus de vin. »[9]

La messe de minuit fut célébrée solennellement, le jour de Noël 1686. Dans une harangue émouvante, Cavelier de La Salle exposa aux siens la nécessité de reprendre le voyage et de résoudre l'énigme du Mississipi. Cette fois, La Salle décida d'emmener Joutel et de laisser le commandement de la colonie à Barbier, dit le Minime, futur chef de famille. Il resterait à l'habitation avec une vingtaine de personnes, parmi lesquelles sept filles ou femmes ; on ne craignait plus d'y mourir de faim car il y avait maintenant soixante-quinze cochons.

Avant le départ, La Salle eut soin de tout régler avec son frère, au cas où ils se trouveraient séparés en cours de route. Il lui donna une lettre pour remettre à Tonty, au fort des Illinois, dans laquelle il priait son lieutenant de fournir à l'abbé Cavelier assez de fourrures pour payer son voyage en France, où il irait chercher du secours.

La Salle partit le 12 janvier 1687 avec seize hommes, parmi lesquels se trouvaient son frère l'abbé, ses deux neveux, Moranger et le jeune Cavelier, âgé de dix-sept ans, Joutel, son fidèle soldat ; le Père Anastase Douay, Duhault l'aîné, le marchand aigri, et son serviteur Larchevêque, le chirurgien Liotot, un bourgeois, le sieur de Marles, le flibustier James ou Hiems, le Pilote Tessier. Il emmenait naturellement les deux hommes qui ne le quittaient jamais : son domestique Saget et son chasseur chouanon : Nika. Enfin, il avait avec lui un petit garçon,

---

9. LÉON LEMONNIER, *Cavelier de La Salle*, p. 220.

Pierre, un des huit enfants de la veuve Talon. Son désir était de le laisser chez les Cenis pour qu'il apprît leur langue.

Avant de partir, La Salle refit sa provision d'objets de troc : hachettes, couteaux, verroterie et fit construire un canot portatif. La séparation fut triste ; chacun eut le pressentiment qu'on ne se reverrait plus.

Les cinq chevaux portaient les bagages et les hommes avançaient parmi les hautes herbes de la prairie qui gênaient leur marche et leur fauchaient les jambes. Ils traversèrent ainsi des forêts et des plaines, trouvant de la nourriture dans des caches que La Salle avait préparées à son dernier voyage. Parfois on rencontrait des groupes d'Indiens qui paraissaient hostiles mais La Salle réussit à éviter tout conflit. Un jour, les Français aperçurent une troupe de cent cinquante sauvages, à cheval, armés de lances et qui poursuivaient des bisons. Dans une autre tribu, ils virent crever les yeux d'un crocodile que l'on tortura ensuite comme un être humain.

« Ces spectacles étranges, les fatigues du voyage, la peur de s'égarer, le manque de confiance en un chef qui les avait menés vers tant de misères, tout contribuait à énerver les hommes de La Salle. La rancune de Duhault s'aggravait de jour en jour.

« Comme on tardait à atteindre le Mississipi, il finit par croire à une vaste duperie de la part du chef. Il trouvait d'ailleurs un confident complaisant en la personne du chirurgien Liotot, ruiné par cette expédition et fatigué, lui aussi, de voir le patron jouer au grand seigneur. Il en voulut surtout à Moranger qu'il avait soigné avec tant de dévouement lorsqu'il avait été blessé d'une flèche et qui ne lui en témoignait aucune reconnaissance. » [10]

Les heures passées au camp, le soir, au lieu d'être des heures de détente, comme on aurait dû s'y attendre de la part d'hommes qui venaient presque tous d'un même pays, entretenaient, au contraire, la guerre des nerfs. Les repas devenaient, eux aussi, une occasion de conflit, car on accusait le chef de favoriser les siens, surtout Moranger, son neveu.

« De plus en plus fréquemment, Duhault et Liotot tenaient

---

10. LÉON LEMONNIER, *Cavelier de La Salle*, pp. 222-223.

des conciliabules secrets dans lesquels on envisageait toutes les possibilités, depuis la fuite jusqu'à l'assassinat. Ce dernier plan prévalut. N'y aurait-il pas moyen de faire culbuter La Salle dans quelque rivière, ou bien de provoquer un conflit avec les Indiens, durant lequel le chef recevrait une flèche bien placée... Ou bien encore ne pourrait-on pas soudoyer un mécontent qui consentirait à exécuter le coup ? On songeait à James, le flibustier allemand, le seul homme capable d'un crime, mais on connaissait son admiration secrète pour l'explorateur qui l'avait toujours bien traité. Est-ce que quelqu'un n'enverrait pas, un jour, une balle dans la tête de cet orgueilleux ? Mais si on le tuait, comment réagiraient ses parents, son fidèle Joutel, son domestique Saget et son chasseur Nika, tous dévoués à sa personne ? On en venait à souhaiter la mort de tous les amis de La Salle.

« Ainsi complotaient le marchand Duhault et le chirurgien Liotot, le soir, assis autour du feu, ou bien dans des promenades solitaires. Ni l'un ni l'autre n'étaient, en soi, des malfaiteurs, encore moins des assassins, et ils auraient bien voulu rentrer chez eux comme des bourgeois honnêtes et respectés. Mais justement ils n'espéraient plus rentrer chez eux et, dans ce désert, la loi divine étant inconnue des Indiens, on considérait comme un lâche celui qui ne tuait pas un ennemi. »[11]

Les voyageurs approchaient du grand village des Cenis. Ils faisaient route avec des Indiens qui voulaient bien leur servir de guides. Le 15 mars, La Salle manquant de vivres, et voyant qu'il ne pourrait atteindre le village, le jour même, décida d'envoyer quelques hommes chercher du maïs dans une cache qu'il avait pratiquée lors de son précédent voyage.

Duhault et le chirurgien s'offrirent spontanément dans le seul but de faire diversion, de ne pas le voir durant quelque temps, et d'échanger leurs plaintes. La Salle, méfiant, leur adjoignit son domestique Saget, son fidèle chasseur, Nika, le pilote Tessier et le flibustier James. Quelques sauvages voulurent bien les guider. Lorsqu'ils arrivèrent à la cache, ils trouvèrent le maïs pourri, mais le chasseur Nika, ayant vu

---

11. LÉON LEMONNIER, *Cavelier de La Salle*, pp. 224-228.

deux bisons, réussit à les tuer. On dépêcha le domestique Saget avec un sauvage vers La Salle pour lui demander s'il voulait boucaner la viande et, dans ce cas, de leur envoyer deux chevaux.

La Salle voulait conserver la viande, mais comme les deux hommes arrivèrent tard, dans la soirée, il attendit le lendemain pour envoyer du monde. Dans la matinée, partirent Moranger, de Marle, Meunier et Saget, avec deux chevaux. Le chef demandait à ses gens de renvoyer tout de suite un cheval chargé de viande pendant qu'ils boucaneraient le reste. La journée du 17 mars se passa sans nouvelles et l'explorateur se montrait inquiet.

Lorsque Moranger et les siens arrivèrent au camp de Duhault, ils virent les hommes en train de boucaner la viande suspendue à des perches. Duhault avait mis de côté, pour lui-même, les meilleurs morceaux. Moranger lui fit des remontrances à ce sujet. La querelle s'envenima mais ils finirent par se taire. Après souper, elle recommença, car Moranger rationna la viande aux hommes et se réserva la part du lion. Irrités, Duhault et Liotot dirent qu'ils allaient bientôt se fabriquer des casse-tête, mais Moranger ne saisit pas la menace.

Avant la tombée de la nuit, Duhault réunit à l'écart les hommes sur qui il pouvait compter : son domestique Larchevêque, le chirurgien Liotot, le pilote Tessier, le flibustier James. Le marchand voulait tuer Moranger tout de suite. Mais pour ne pas être dénoncé, il fallait exécuter en même temps ceux qui seraient capables de tout rapporter à La Salle ; son chasseur Nika, et son serviteur Saget. On expliquerait ensuite que les trois hommes s'étaient égarés.

Duhault, cette fois, était résolu. Liotot affirma qu'il tuerait Moranger de sa main car il le haïssait. Tessier se déclara neutre et le flibustier James approuva le meurtre puisque ceux qui survivraient seraient plus riches. Il fut décidé que les trois victimes prendraient la garde avant les autres, de sorte qu'une fois fatigués et endormis, ils pourraient difficilement se défendre. On se rapprocha du camp et, tout en fumant la pipe, l'ordre de garde fut établi : Moranger prendrait le premier quart, Saget, le second, et Nika, le troisième. Puis on s'étendit sur l'herbe, près du feu. Chacun à son tour, les trois hommes veillèrent. La nuit parut longue aux conspirateurs qui n'avaient pas fermé l'œil. Enfin, lorsque le Chouanon, vaincu par la fatigue, se fut endormi, ils se levèrent.

Aucun d'entre eux, maintenant, ne semblait pressé d'exécuter le dessein pour lequel, quelques instants plus tôt, ils paraissaient si résolus. Cependant, le chirurgien voyant ses amis hésiter, s'écria :

— Vous êtes des poltrons, je ferai la besogne moi-même, s'il le faut.

Et, saisissant une hache, il s'avança vers les trois hommes endormis, pendant que Duhault et James, fusils en mains, se tenaient prêts à abattre le premier qui offrirait quelque résistance ; mais il désirait éviter tout bruit pour ne pas éveiller l'attention des sauvages dont le camp était proche. Le chirurgien Liotot se dirigea donc vers le plus détesté de tous, Moranger, et lui asséna plusieurs coups de hache sur la tête. Il agit de même avec Saget et le chouanan Nika qui furent tués sans avoir fait un mouvement. Cependant, la main du chirurgien avait dû trembler car Moranger se releva, le visage ensanglanté et s'assit, incapable d'articuler un mot. Les conspirateurs forcèrent de Marle — qui n'était pas du complot — à l'achever, pour qu'il se compromît avec eux.

Cependant, La Salle, de plus en plus inquiet de ne voir revenir personne, demanda à Joutel s'il n'avait pas eu vent d'un complot contre Moranger. Le loyal soldat répondit qu'il avait bien remarqué des querelles mais que, évidemment, les ennemis de Moranger ne le prendraient pas pour confident.

Le 19 mars au matin, laissant au camp, Joutel, l'abbé Cavelier et le jeune Cavelier, le petit Talon et un parisien nommé Barthélemy, La Salle partit avec le Père Anastase, et un sauvage comme guide. Peu après, l'Indien leur montra deux vautours qui planaient, signe que la viande de bison et ceux qui la boucanaient ne devaient pas être bien loin. La Salle remercia le sauvage qui s'éloigna puis il tira deux coups de pistolet pour se faire connaître.

Les meurtriers frémirent. Ils avaient compris que l'explorateur venait sur les lieux se renseigner. Malgré leur haine contre le chef, ils n'avaient pas prémédité de le tuer si tôt. Mais ils se trouvaient compromis et comme obligés d'agir promptement, sans quoi ce serait eux qui écoperaient. Ils résolurent de le surprendre en lui dressant un guet-apens. Duhault et le chirurgien Liotot prirent les devants, se couchèrent dans les hautes herbes, le fusil en joue. Duhault ordonna à son valet Larchevêque d'aller au-devant de La Salle et de lui répondre insolemment, afin qu'il leur offrît une cible commode.

Le découvreur approche donc ayant à ses côtés le Père Anastase, avec qui il s'entretient, le long du chemin, de sujets qu'il aborde rarement : piété, grâce, prédestination. Il semble avoir un pressentiment et sa figure est empreinte de tristesse. « Des vautours qui planent en rond ajoutent à son trouble. Il connaît très bien les habitudes des oiseaux de proie qui vivent des restes de la mort. Soudain, il s'arrête. La cravate maculée de sang de Saget se balance devant lui dans les hautes herbes. Sa gorge se contracte, son cœur bat plus vite. Il tire un coup de feu. Le signal d'appel vibre un moment dans l'air, puis seul le bruissement des ailes des vautours lui répond. La Salle regarde aux environs. Il ne voit rien. Pourtant, les tueurs sont là, à l'abri des herbes. Il avance de deux pas. Jean Larchevêque se dresse subitement devant lui. » [12]

Dès que La Salle aperçoit le laquais, il lui demande brusquement :

— Où se trouve Moranger ?

— Je n'en sais rien.

— Tu le sais, insiste le découvreur.

— Il est à la dérive, continue le laquais.

Devant tant d'insolence, le chef lève le bras comme pour frapper le serviteur qui recule d'un pas. Au même instant, deux coups de feu retentissent et l'explorateur tombe, la tête traversée de deux balles. C'était le 19 mars 1687. La Salle était âgé de 43 ans, 4 mois.

Les deux assassins se levant alors, s'approchent du moine tremblant et lui disent :

---

12. ROGER VIAU, *Cavelier de La Salle*, pp. 172-173.

— Ne craignez rien. Nous ne vous voulons aucun mal et notre tâche est finie.

Puis, se dirigeant vers le cadavre, ils le dépouillent de ses vêtements et le traînent dans un buisson pour qu'il soit la proie des aigles et des vautours. Et, le poussant du pied, il se moquent :

— Te voilà, grand pacha ! Tu as ce que tu as mérité. Maintenant, nous sommes quittes.

À son tour, Joutel, resté au camp et ne voyant revenir personne, s'inquiète. Avant de partir, l'explorateur lui a recommandé de faire, de temps à autre, un petit feu d'herbe sur une colline, afin de guider son retour. Un soir qu'il accomplit cette besogne, il voit accourir vers lui Larchevêque, les yeux égarés et la figure bouleversée. Alors le serviteur de Duhault raconte comment Moranger, Saget et Nika ont été assassinés. Puis il relate le meurtre de La Salle par Duhault et le chirurgien Liotot.

Bourrelé de remords de s'être fait le complice de son maître, il vient avertir Joutel que les meurtriers ont juré sa mort. Celui-ci reste fortement perplexe. Doit-il rentrer au camp et se jeter entre les mains de ses ennemis ou bien se sauver dans la forêt. Il s'en remet à la grâce de Dieu et suit Larchevêque au camp. Il s'aperçoit, en arrivant, que les assassins se sont partagés tous les biens et effets de La Salle.

Duhault dit :

— Maintenant qu'il n'y a plus de chef, chacun commandera à son tour.

Les meurtriers paraissent nerveux et plutôt gênés. L'abbé Cavelier et le Père Anastase, à l'écart, récitent leur bréviaire. Joutel n'ose adresser la parole aux assassins qui paraissent inquiets et furieux. En proie au remords, ils affichent des airs de bravache pour donner le change aux autres. L'heure du souper est arrivée. Duhault et Liotot disent :

— C'est notre tour de distribuer la nourriture ; chacun aura la part que nous lui servirons.

Il est évident qu'ils cherchent querelle à Joutel mais celui-ci ne répond pas. Lorsqu'arrive la nuit, ils se trouvent embarrassés, craignant d'être surpris à leur tour durant leur som-

meil. Alors ils disent à l'abbé Cavelier, à Joutel et aux autres :
— Nous allons faire le quart comme d'habitude. Tout est maintenant fini et ne pensons plus à ce qui est arrivé.

Et ils remettent à tous les armes qu'ils leur avaient enlevés auparavant. Nuit lugubre durant laquelle Joutel, l'abbé Cavelier et le Père Anastase Douay se jurent fidélité jusqu'à la mort. Mais personne ne peut fermer l'œil. Le matin venu, Duhault et Liotot décident de poursuivre leur route vers le village de Cenis afin de rentrer en France [13].

---

13. LÉON LEMONNIER, *Cavelier de La Salle*, pp. 218-232 ; GABRIEL GRAVIER, *Cavelier de La Salle*, pp. 324-326 ; ROGER VIAU, *Cavelier de La Salle*, pp. 168-172.

18

Les assassins s'entretuent

« Avec La Salle touché en plein front, tombant raide mort, s'écroule le rêve qui aurait pu donner à la France l'un des plus grands empires du monde.

« Une telle énergie, une confiance aussi inébranlable, une expérience étendue, une ambition comme la sienne, une volonté aussi inflexible pour toucher au but fixé, ne se retrouveront plus chez ceux qui viendront après lui. Le Mississipi, c'était son fleuve ; la Louisiane, sa possession ; les Indiens, ses peuples. Ses successeurs aux noms glorieux comme les frères Le Moyne, Iberville et Bienville, comme le marquis de Vaudreuil-Cavagnal, hommes de jugement, courageux, entreprenants, ne seront cependant qu'en service commandé sur les bords du Mexique.

Le feu sacré qui incite aux réalisations les plus irraisonnables s'était éteint dans les hautes herbes du Texas...

« Toutes les qualités qui permettent d'atteindre aux plus hauts sommets se rencontraient chez Robert Cavelier, sieur de La Salle. Mais trop de défauts contrebalançaient ses dons. Le découvreur s'élevait au-dessus de la multitude et, du coup, il suscitait les jalousies. Par ses fautes, il se rendait lui-même vulnérable. Joutel qui nota toujours froidement ses impressions résume ainsi son jugement sur son chef : « Cavelier de La Salle avait l'esprit et le talent pour réussir son entreprise. Sa fermeté, son courage, sa grande connaissance dans les arts et les sciences le rendaient capable de tout. Un travail infatigable, qui lui faisait tout surmonter, lui aurait enfin procuré un succès glorieux, si toutes ces qualités n'avaient été détruites par des manières hautaines qui le rendaient souvent insupportable, et par la dureté envers ceux qui lui étaient soumis. Il s'attira ainsi une haine implacable qui fut la cause de sa mort. » [1]

Les survivants repartirent le 21 mars 1687 en direction du village des Cenis. Des Indiens rencontrés en route les remirent sur la bonne piste dont ils s'étaient écartés.

Le 30 mars, jour de Pâques, ils aperçurent trois Cenis qui les conduisirent au village dont les cabanes rondes au toit de chaume en pointe ressemblaient à des meules de foin. À quelque distance du village, les voyageurs tinrent conseil. Duhault se méfiait des Cenis et préférait ne pas y aller ; il fut donc décidé que Joutel, Liotot et Tessier iraient seuls acheter du maïs. Les blancs furent reçus par les Indiens comme des seigneurs. Douze anciens, en costumes de gala, portant des peaux de daim aux couleurs vives, le visage tatoué de rouge ou de noir, la tête ornée de plumes, vinrent à leur rencontre. Le chef du village les accueillit dans sa propre cabane où ils demeurèrent quelques jours. Chaque Français couchait sur un lit de cannes, haut de trois pieds, recouvert d'une robe de bison et entouré de nattes formant berceau.

Une nuit, Joutel était couché lorsqu'il aperçut un visiteur extraordinaire ; un sauvage nu entra dans sa cabane, portant arc et flèches, et vint s'asseoir près de lui sans prononcer un mot. Intrigué, Joutel lui adressa la parole. Comme il ne répondait pas, il saisit son pistolet. Le sauvage recula vers le feu tandis que Joutel l'examinait. Sous les traits tatoués, il reconnut un européen. C'était un Breton, nommé Ruter, recruté à La Rochelle, et qui avait déserté en compagnie d'un nommé Grollet. Tous deux vivaient à la façon sauvage, au milieu des Cenis. Se voyant découvert, Ruter se jeta au cou de Joutel et l'embrassa :

— Je suis Ruter, dit-il, et me voilà devenu presque un sauvage.

---

1. ROGER VIAU, *Cavelier de La Salle*, pp. 171-173.

— Aimerais-tu rentrer en France ? lui demanda Joutel. Quant à nous, c'est de ce côté que nous nous dirigeons.

— Ça dépend !

— Tu es le bienvenu avec nous, ajouta Joutel qui voulait s'en faire un allié.

Le mardi, 8 avril, Duhault envoya des hommes au village chercher le maïs. Le 10, Joutel et les siens, à l'exception du petit Talon, qu'il laissait chez les Cenis, suivant le désir de La Salle, rejoignaient Duhault. Les cinq du complot faisaient bande à part, donnant peu à manger aux autres, bien qu'ils eussent maintenant de la nourriture. Joutel songeait à se débarrasser des meurtriers mais l'abbé Cavelier l'en dissuadait, disant que Dieu se chargerait de la vengeance. Duhault et Liotot projetaient maintenant de retourner à l'habitation de Saint-Louis du Texas afin de regagner les Antilles et de se mettre ainsi à l'abri de la justice, mais lorsqu'ils apprirent que Joutel et les siens refusaient de les suivre et voulaient regagner le Canada, ils décidèrent de partir avec eux.

Le 8 mai 1687, jour de l'Ascension, James le flibustier, arriva au camp avec les deux fugitifs Ruter, Grollet et une vingtaine de Cenis.

— Bonjour James, lui dirent à la fois Duhault et Liotot, qui souhaitaient la paix.

— Salut ! répondit James avec froideur, je suis maintenant l'ami de Ruter et je reste avec lui chez les Cenis. Donnez-moi ma part de marchandises, les habits de La Salle et surtout son manteau écarlate.

Avec ces beaux habits, il comptait séduire les sauvages.

— Tout m'appartient, répondit Duhault avec humeur.

— Alors, donne-moi mes gages ; si tu prends les biens, tu dois aussi payer les dettes.

— Tu n'auras rien.

Le ton s'éleva :

— Tu ne veux donc pas me les donner ?

— Non.

— Lâche ! tu es un traître ; tu as tué mon maître.

Et, d'un mouvement rapide, attrapant son pistolet dans sa ceinture, il pointa son arme sur Duhault et déclencha. Ce dernier reçut une balle en pleine poitrine chancela, s'effondra.

Ruter, à son tour, épaulant son fusil, tira trois balles dans le corps de Liotot qui s'affaissa, blessé grièvement.

Joutel et Cavelier, inquiets, saisirent leurs armes pour, au besoin, se défendre, mais James leur dit :

— Je ne vous veux aucun mal ; justice est faite puisque le meurtrier est puni.

Quant aux sauvages, témoins impassibles de cette querelle entre Français, ils restèrent indifférents. Ruter leur donna ainsi l'explication du meurtre :

— Ce sont des traîtres et des poltrons qui refusaient d'aller à la guerre avec nous.

Cette explication suffit aux sauvages qui se souciaient fort peu des disputes entre Français et dont la coutume voulait qu'un traître, un poltron ou un ennemi fût châtié sur-le-champ.

Liotot respirait encore et Ruter voulait l'achever mais l'abbé Cavelier lui représenta que son acte était coupable devant Dieu. Le mécréant haussa les épaules. Il accepta cependant que le chirurgien ait le temps de se confesser. La confession terminée, Ruter l'acheva tranquillement d'un coup de pistolet. Les trois nouveaux sauvages : Ruter, Grollet et James, se partagèrent le butin.

Joutel, l'abbé Cavelier et leurs compagnons se préparaient maintenant à partir. Le groupe comprenait : les deux Cavelier, Joutel, le Père Anastase Douay, De Marle, Tessier, qui avait obtenu son pardon, et le parisien Barthélemy. Les Cenis leur fournirent six chevaux et trois guides. Ils marchèrent ainsi de tribu en tribu durant trois mois. De Marle se noya, les autres atteignirent l'Arkansas, près du Mississipi.

Sur l'autre rive, ils aperçurent une grande croix. Des sauvages tatoués de noir, de blanc et de rouge s'approchèrent du bord. Deux hommes habillés sortirent précipitamment d'une maisonnette de bois et tirèrent chacun un coup de fusil. Joutel et les siens firent de même. Alors un des hommes habillés traversa en canot et se fit connaître : c'était un Français au service de Tonty. Son compagnon arriva, à son tour. Ils se nommèrent.

— Couture et Delaunay de Rouen.

Compatriotes de La Salle, ils furent fort attristés lorsqu'ils apprirent sa mort. Les Arkansas reçurent leurs hôtes avec honneur et leur offrirent un guide. Les Français gagnèrent le Mississipi et remontèrent le fleuve. L'abbé Cavelier, se ravisant, dit à ses compagnons :

— Nous allons cacher la mort de La Salle afin que ses créanciers ne s'emparent pas de ses forts et des peaux accumulées.

L'abbé Cavelier semble avoir pris cette décision par intérêt personnel, ayant lui-même une part dans le butin ; Le frère du découvreur avait un faible pour l'argent [2].

Tonty n'était pas au fort Saint-Louis des Illinois. Son lieutenant Bellefontaine mit l'abbé au courant de ce qui s'était passé au Canada. Le lieutenant La Forest, arrivant de France pour reprendre possession des forts spoliés à La Salle par le gouverneur La Barre, apporta à Tonty, de la part de son maître, l'ordre d'aller au-devant de lui en descendant le Mississipi jusqu'à son embouchure.

« Le brave Bras-de-fer partit du fort Saint-Louis, le 13 février 1686. Parvenu au golfe du Mexique, le 10 avril, sans y avoir trouvé trace de La Salle, il envoya des éclaireurs de chaque côté de l'embouchure du Mississipi. Tonty remonta à l'enlroit ou le 9 avril 1682, de La Salle avait arboré les armes de France et la croix. Les trouvant renversés par les grandes eaux, il les reporta à cinq lieues dans les terres, mit un écu blanc dans un tronc d'arbre pour servir de marque en temps et lieu, laissa au chef des Quinipissas une lettre pour La Salle et reprit le chemin du nord. Mille lieues pour aller, mille lieues pour revenir. » [2]

Il construisit un fort dans une île. En cours de route, il fit pendre les armes du roi sur un arbre avec cette inscription : Louis le Grand règne, puis ayant percé dans l'arbre, un trou de terrière, il y déposa une lettre pour La Salle. Un peu plus loin, les sauvages lui apprirent qu'ils avaient vu le chef à trois journées et demie de canot, dans la baie de Mobile. Mais il ne pouvait redescendre vers la mer et laissa à différents chefs indiens des lettres pour La Salle. Rentré au fort Saint-Louis,

2. GABRIEL GRAVIER, *Cavelier de La Salle*, p. 309 ; TONTY, *Mémoires*, éd. Margry, p. 23.

il rédigea un rapport terminé par ces mots : « Je n'ai rien à me reprocher pour le service du roi et de mon âme ».

De nouveau, c'était la guerre avec les Irioquois. Le gouverneur Denonville, qui connaissait mal les Indiens, avait convoqué les chefs iroquois au fort Frontenac et les avait faits prisonniers. Indignés de cette perfidie, les Iroquois avaient repris les armes soutenus par les colons anglais. Tonty lui-même dut partir pour protéger nos alliés illinois.

« L'abbé Cavelier décida d'attendre Bras-de-fer qui ne tarda pas à rentrer. Les compagnons de La Salle ne songeaient qu'à retourner en France. Ruinés par l'entreprise, Joutel n'avait pas l'argent nécessaire pour partir. Il s'engagea comme canotier auprès du lieutenant Boisrondet qui se préparait à rentrer en France. Quant à l'abbé Cavelier, il se dessaisit du billet que lui avait donné son frère et reçut de Tonty tout ce qu'il lui fallait pour regagner l'Europe.

— Je crois que mon frère a fixé la somme : n'est-ce pas 7 000 livres ?

— Soit pour 7 000 livres. Mais, s'il vous faut davantage, vous n'avez qu'à me le demander. Tout ce que j'ai est à votre service [3].

« L'abbé quitta le fort assurant que La Salle était en bonne santé. Il commit une faute en ne prévenant pas Tonty du triste état où se trouvaient les colons du fort Saint-Louis du Texas. Le lieutenant de La Salle serait allé à leur secours avec des hommes et des vivres.

« Quelque temps après, le brave Bras-de-fer reçut la visite de Couture qui lui apprit la vérité. La Salle était mort, les siens en danger au fort Saint-Louis du Texas, bien loin, dans le sud. Tonty résolut d'aller sauver les colons et, en même temps, de reprendre le grand projet de son maître. Il quitta le fort des Illinois en décembre 1687, avec cinq Français, un chasseur chouanon et deux esclaves indiens. Après un long et dur voyage, il arriva à la Rivière Rouge, le 28 mars 1688. »

On imagine l'angoisse des gens demeurés à Saint-Louis du

---

3. CHARLES DE LA RONCIÈRE, *Le Père de la Louisiane*, p. 118.
4. LÉON LEMONNIER, *Cavelier de La Salle*, pp. 243-244.

Texas sous les ordres de Barbier et qui ne voyaient pas revenir l'explorateur. De trente personnes qui restaient, la plupart furent décimés par la petite vérole. La veuve Talon vit mourir deux de ses filles. En janvier 1689, les Clamoëts surprenaient la garnison, massacraient les hommes et les femmes, écrasaient contre un arbre le bébé du commandant Barbier. Ils ne respectèrent que le jeune parisien Eustache Brébant et les enfants de Talon, que les sauvagesses, touchées de compassion, recueillirent. Un Orléanais du nom de Jarry était parmi les rescapés. C'était un déserteur qui avait séduit les Clamoëts au moment où ils voulaient le faire périr.

— Laissez-moi vivre jusqu'à demain, leur dit-il, et je vous prouverai que vous allez tuer un homme qui vous porte dans son cœur.

Le lendemain, les Indiens défilèrent tour à tour et, à leur stupeur, se reconnurent tous en regardant son cœur. Dans la nuit, Jarry s'était subitement adapté sur la poitrine un miroir de poche. Ses bourreaux, éberlués, firent de lui un chef [5].

« Les Espagnols du Mexique, ayant appris que les Français avaient élevé un fort à Saint-Louis du Texas, décidèrent de se débarrasser d'eux et envoyèrent une expédition de cinq cents cavaliers armés de mousquetons et d'épées. Ils atteignirent le fort et n'y trouvèrent que désolation.

« Le 1er mai 1688, arrivèrent au fort du Texas, deux hommes nus et tatoués qui s'en remettaient à la clémence des Espagnols plutôt que de vivre parmi les sauvages. C'était le matelot fugitif Grollet et Larchevêque, serviteur et complice de Duhault. Les deux hommes furent envoyés en Espagne et jetés en prison.

« Deux autres expéditions des Espagnols ramenèrent les enfants Talon et Pierre Meunier au Mexique ; Marie Madeleine Talon et ses jeunes frères furent accueillis par la femme du vice roi qui les prit à son service. Quand celui-ci fut rappelé en Espagne, en 1696, il les emmena tous deux avec lui. La flotte fut attaquée par les Français à La Havane. Le navire qui portait les deux mousses Talon fut capturé et ceux-ci ramenés en France.

---

5. CHARLES DE LA RONCIÈRE, *Le Père de la Louisiane*, p. 122.

« Quant au flibustier James ou Hiems, meurtrier de La Salle, il fut tué par son compagnon Ruter, lequel, à son tour fut massacré par les Cenis. Ainsi va clopin-clopant, dans ces déserts d'Amérique comme ailleurs, la justice immanente. »[6]

*

Parvenu à la Rivière Rouge avec ses hommes, Tonty apprit que les renégats de la dernière expédition se trouvaient à quatre-vingts lieues de distance. Il devait y avoir-là : Ruter, Grollet, le fibustier James, Pierre Meunier, sans parler du jeune Talon. Mais ces hommes, fatigués ou séduits par la vie libre des sauvages, désertèrent tous, sauf un Français et le Chouanon. Deux jours plus tard, en traversant une rivière, Tonty perdit toutes ses munitions. Arrivé au village des Cenis, il ne trouva pas ceux qu'ils cherchaient. Remarquant l'attitude gênée des Indiens, il les accusa d'avoir tué les Français ; à ces paroles, les femmes firent entendre des cris de lamentations ; ce qui confirma Bras-de-fer dans ses soupçons. Sans munitions et sans hommes, il dut rebrousser chemin.

« Le retour de Tonty fut le plus pénible de tous ses voyages. Il eut à traverser cinquante lieues de pays, transformé presque subitement en un marais impraticable, sans autre nourriture qu'un ours qu'il avait fait sécher. « Il fallait dormir, écrit-il, sur deux tronc d'arbres que nous joignions, manger nos chiens, porter notre paquet à travers de grands pays de cannes. Enfin, je n'ai jamais tant souffert de ma vie que dans cette traverse jusqu'au Mississipi où nous arrivâmes le 11 juillet 1688. »[7]

Rentré au fort, Tonty dut reprendre la guerre avec les Iroquois. Denonville ayant, en 1688, signé une paix humiliante avec ces sauvages, ceux-ci s'allièrent avec les Anglais et, en 1689, envahirent la vallée du Saint-Laurent, semant partout la terreur. Ils massacrèrent les habitants du village de Lachine fondé par La Salle. Le brave Tonty, de même que Du Lhut,

---

6. LÉON LEMONNIER, *Cavelier de La Salle*, p. 246 et 288.
7. GABRIEL GRAVIER, *Cavelier de La Salle*, p. 155 ; TONTY, *Mémoires*, éd. Margry.

l'ancien chef des coureurs de bois et Perrot, gouverneur de Montréal, bataillèrent à la tête de nos alliés indiens.

En récompense de ses travaux, Tonty reçut, en 1690, la propriété du fort Frontenac pour un an, de moitié avec La Forest, et il fit le commerce des fourrures. La même année, parut une ordonnance royale contre les coureurs de bois, mais on fit exception pour Tonty et La Forest qui eurent, chaque année, l'autorisation d'envoyer à Montréal deux canots chargés de fourrures.

« Le 13 juillet 1688, le groupe de Joutel arrivait à Montréal. Suivant les conseils de l'abbé Cavelier, personne ne souffla mot sur la mort de La Salle. À Québec, même silence. Revenu en France, le 9 octobre 1688, l'abbé Cavelier qui devait, suivant ses dires, informer lui-même Seignelay de la mort de La Salle, oublia pendant quelque temps de s'adresser au ministre. Le 29 novembre, le supérieur des Sulpiciens croyait encore que l'abbé Cavelier « avait laissé M. de La Salle dans un très beau pays, avec M. de Chefdeville, en bonne santé. » [8]

« Hélas ! sur plus de deux cents personnes parties de La Rochelle, le 24 juillet 1684, seuls huit hommes, une jeune fille, et sept enfants vivaient encore à la fin de 1689. » [9]

« L'abbé Jean Cavelier ne pouvant indéfiniment garder le secret, se résigna donc à annoncer la nouvelle. Le roi apprit sans trop d'émotion qu'un autre aventurier avait laissé sa vie dans les colonies. » [10] « L'abbé Cavelier mourut en 1720 — il avait donc environ 84 ans — chez une de ses nièces, peut-être chez cette dame La Forestier (née Madeleine Cavelier) qui possédait encore, en 1756, les papiers de La Salle. » [11]

---

8. ROGER VIAU, *Cavelier de La Salle*, p. 177.
9. id. *Cavelier de La Salle*, p. 179.
10. Mgr OLIVIER MAURAULT, *La Mission Canadienne de Cavelier de La Salle*, p. 33.
11. *id.* p. 77.

19

D'Iberville en Louisiane

De 1688 à 1698, l'histoire du Canada se réduit à une série de batailles contre les gens de la Nouvelle-Angleterre. Le voile de l'oubli enveloppe le souvenir de la grande aventure de La Salle. Dans le foyer éteint, des cendres seules rappellent la grande flambée d'enthousiasme que l'explorateur avait suscitée autour de sa tentative de fondation d'une colonie à l'embouchure du Mississipi.

Mais la France n'oubliait pas cette magnifique aventure et croyait encore à la possibilité de sa réalisation. En 1698, le ministre de la marine, Ponchartrain, décida d'envoyer une expédition sur la côte de la Louisiane, afin d'en prendre possession avant les Espagnols et les Anglais. Il en confia le commandement à un homme qui, non seulement connaissait le nouveau monde, mais qui était en même temps un marin et un soldat. Le Moyne d'Iberville qui s'était distingué contre les Anglais dans la baie d'Hudson et à Terre-Neuve, fut choisi pour mener à bien ce projet. C'était un Canadien-Français, fils de Le Moyne, à qui La Salle avait, dès 1669, vendu une partie de ses terres de Lachine et qui, en 1673, fut l'interprète de Frontenac dans la grande palabre de Cataracoui.

Iberville lui-même avait rencontré l'explorateur à Québec, en 1682, alors qu'il revenait des bouches du Mississipi. Il eut soin d'ailleurs de prendre avec lui le Père Anastase Douay, l'un des survivants de la dernière expédition de La Salle, qui pourrait, au besoin, servir de guide et d'interprète[1].

Les navires quittèrent Brest, le 28 octobre 1698, portant à bord deux cents émigrants, hommes, femmes et enfants, et convoyés par le *François*, navire de guerre de 50 canons. Ils atteignirent les côtes de la Floride au printemps de 1699. Pour trouver l'embouchure du Mississipi, Iberville n'avait à sa disposition que quelques mauvaises cartes, mais il comptait surtout sur la description que La Salle lui en avait faite de vive voix.

« En passant, il rendit visite, dans la baie de Pensacola, à une colonie espagnole commandée par le sergent-major Francisco Martinez, le même qui avait dirigé les trois expéditions contre ses survivants du fort Saint-Louis du Texas. Il comprit qu'il n'avait rien à craindre de lui et continua sa route. Plus loin, ayant débarqué dans la baie de Mobile, il obtint des Indiens des renseignements sur un grand fleuve proche, et il espéra que c'était le Mississipi. S'étant rendu à l'embouchure, il découvrit, à l'endroit où commençait l'eau douce, des troncs d'arbres pétrifiés formant une manière de palissade, tels que La Salle les lui avait décrits.

« Laissant les colons dans un fort provisoire, il commença à remonter le fleuve, le 3 mars 1699. Il fut enfin complètement rassuré quand un chef indien lui remit une lettre laissée par Tonty pour La Salle, treize ans plus tôt.

« Revenu à la mer, il songea à établir ses gens et, ne trouvant pas d'endroit favorable, à l'embouchure du même fleuve, il s'installa un peu à l'est, dans la baie de Biloxi, où il construisit le fort Maurepas. La petite colonie y prospéra et ce fut Iberville qui y planta la canne à sucre avec de la graine apportée de Saint-Domingue. »[2]

Peu à peu, cependant, la France s'affaiblissait au Canada comme ailleurs, et elle ne pouvait plus s'occuper de ses colonies du Grand-Ouest canadien. En 1702, le fort Saint-Louis des

1. LÉON LEMONNIER, *Cavelier de La Salle*, p. 251.
2. LÉON LEMONNIER, *Cavelier de la Salle*, pp. 252-253.

Illinois fut abandonné et Tonty reçut l'ordre de rejoindre Iberville en Louisiane. Celui-ci utilisa le brave soldat en l'envoyant combattre les Chicachas pour les soumettre et obtenir leur alliance.

« La Guerre de la succession d'Espagne ayant éclaté, Iberville dut bientôt partir pour attaquer les Antilles anglaises et il fut remplacé en Louisiane par son frère Bienville, un tout jeune homme. Au mois de décembre, celui-ci ayant trouvé un endroit plus favorable que Biloxi, construisit le fort Saint-Louis de la Louisiane dans la baie de Mobile. Puis il fonda la Nouvelle-Orléans. Dès lors, missionnaires et marchands remontèrent le fleuve, établissant la liaison avec le Canada et créant des comptoirs sur les deux rives.

« En 1703, l'état de la colonie fut amélioré par l'arrivée de vingt-trois jeunes femmes de bonne réputation et de belle apparence. Mais le vaisseau qui les transportait ayant fait escale à la Havane, apporta la fièvre jaune. Trente soldats du fort et la moitié de l'équipage moururent. Parmi les victimes de la fièvre jaune, se trouvait le brave Tonty, Bras-de-fer.

« Vers 1750, on comptait plus de 6,000 colons français dans la basse vallée du Mississipi et environ deux mille cinq cents dans la haute vallée. On construisit le fort Chartres, au confluent de l'Ohio et du Mississipi, et le fort Duquesne, à l'endroit où se trouve maintenant Pittsburg.

« Mais une autre race venait, jeune et forte, qui avait pris racine sur le continent américain et qui, irrésistiblement, étendait sa domination. En 1753, un jeune officier américain, du nom de George Washington, quittait la Virginie, comme porte-parole du gouvernement, et arrivait à Le Bœuf, à vingt-cinq kilomètres au sur du lac Érié. Il revendiquait, auprès des Français, les droits des Virginiens sur la vallée de l'Ohio.

« La lutte durera jusqu'en 1763 où, au traité de Paris, la France abandonna toutes ses possessions d'Amérique, à l'exception de la Martinique et de la Guadeloupe. La Louisiane fut partagée entre l'Angleterre et l'Espagne. Revenue à la France en 1800, elle fut vendue par Bonaparte, trois ans plus tard, à la République américaine qu'il voulait forte. Napoléon disait :

« J'ai donné à l'Angleterre une rivale, qui, tôt ou tard, humiliera son orgueil. »

« Mais le pays restait français. Quand les autorités américaines arrivèrent à la Nouvelle-Orléans, le 20 décembre 1803, le commissaire du gouvernement américain fit un beau discours en anglais, dont pas un seul habitant ne comprit un mot, car ils ne parlaient tous que le français. »[3]

---

3. LÉON LEMONNIER, *Cavelier de La Salle*, pp. 254-257.

La Salle fut une âme tourmentée. Il ne plaisait pas à tous et certains l'ont trahi. S'il a été tué par l'un des siens, ce n'est pas par accident ; plusieurs fois, l'un ou l'autre de ses hommes a levé son arme contre lui. Duhault, son meurtrier, n'était pas un criminel né. Il faut bien dire que La Salle savait se faire craindre sans se faire aimer, qu'il était soupçonneux, jaloux de son autorité, arrogant avec tous, même avec ses amis.

« Les officiers de La Salle, comme Tonty ou Joutel, l'ont aimé et servi fidèlement ; les indigènes étaient séduits par sa dignité et son éloquence, sa franchise ; les courtisans de Versailles et les ministres se laissaient convaincre par son jugement sûr et la grandeur de ses projets ; ses serviteurs lui étaient dévoués ; le flibustier James lui-même l'appelait affectueusement : « mon maître ».

« C'est à tort que l'on a reproché à La Salle d'être un esprit chimérique. Nous n'avons pas les mêmes notions des distances que les gens du XVIIe siècle. Ils trouvaient moins fatigante une journée de voyage sur eau que nous ne trouvons une heure de chemin de fer. Ainsi les hommes de La Salle ont traversé en canot toute l'Amérique du nord, de la côte du Texas à l'embouchure du Saint-Laurent. »[1]

« Une des caractéristiques de La Salle était l'impatience, la

---

1. LÉON LEMONNIER, *Cavelier de La Salle*, p. 262.

fièvre d'arriver. Elle venait de son âme même et constituait un aspect de l'enthousiasme qui le soulevait. Cet homme du nord brûlait d'un feu secret. Quand l'on ferme le récit de ses aventures, et qu'on se demande quelle image nette reste de lui, on voit un homme de grande taille arpentant la neige ou les hautes herbes. Il est constamment en train de revenir sur son chemin ; dévoré d'inquiétude, il va, vient, retourne vers le fort Frontenac ou cherche à grands pas le Mississipi.

« L'œuvre de La Salle est simple et grandiose. Il est le premier homme qui ait lancé un navire sur les Grands Lacs et il a ouvert ainsi une des plus grandes voies commerciales du monde. Il a descendu le Mississipi jusqu'à son embouchure. Or, le Mississipi possède le plus vaste bassin du monde ; il constitue l'unité même des États-Unis. La Salle est le plus grand explorateur d'une région immense, et les Américains ne manquent jamais de lui en rendre hommage.

« La plus grande partie des États-Unis a donc été découverte par des Français, Marquette et Louis Jolliet et surtout, par La Salle. Tout le centre de leur pays porte encore des noms français : des villes qui s'appellent : La Salle, Marquette, Jolliet, Du Lhut, Saint-Louis et la Nouvelle-Orléans rendent hommage à des princes français. Or, de tous les hommes qui ont découvert et nommé ce pays, le seul qui ait eu du génie, c'est incontestablement La Salle. Il n'était pas un simple coureur de bois, épris d'aventures, il avait conçu une vaste entreprise et s'est acharné à l'exécuter.

« Dans l'histoire de France, La Salle occupe une place de choix car, entre tous les grands hommes du siècle de Louis XIV, il est le seul explorateur, le seul qui mérite ce titre. Parmi les hommes d'action de l'époque, il a sa place marquée entre Vauban et Jean Bart ; intelligent et réfléchi comme Vauban, audacieux et entreprenant comme Jean Bart, il construit des forts comme l'un et, comme l'autre, fait respecter au loin, le nom du grand roi. Il les dépasse tous deux par l'ampleur de ses visées. Il couronne ce siècle royal d'un beau rêve impérial. » [2]

2. LÉON LEMONNIER, *Cavelier de La Salle*, pp. 263-265.

« Jamais sous la cotte de maille du paladin ou du croisé, n'avait battu un cœur plus intrépide, écrira Parkman. C'était en vain que les souffrances et les dangers, la rage de l'homme et la fureur des éléments, le soleil tropical, la bise du Nord, les fatigues, la famine et la mort, les désappointement avaient vidé contre lui leur carquois. »

« Je n'ai pas d'autre attrait de la vie que l'honneur, écrivait à sa mère le grand découvreur, en septembre 1680. Je crois les entreprises d'autant plus dignes qu'il y a plus de périls et de peines. » [3]

« Cette énergique profession de foi dans le succès oubliait de tenir compte d'un facteur essentiel. Pour réussir, il faut pouvoir compter sur ses collaborateurs. Or Cavelier de La Salle ne sut point se faire aimer. Il fut un héros, mais un héros malheureux. « Tel est le sort, disait Charlevoix de ces hommes qu'un mélange de grands défauts et de grandes vertus tire de la sphère commune. » [4]

*

Voyons maintenant comment La Salle fut apprécié par quelques compagnons de route :

Le père Hennepin, qui l'aimait peu, trace de l'explorateur ce portrait :

« Ainsi, dit-il, mourut malheureusement le sieur Robert Cavelier de La Salle, homme d'un grand mérite, constant dans les adversités, intrépide, généreux, engageant, adroit, habile et capable de tout. Il avait travaillé depuis vingt ans à adoucir l'humeur farouche d'une infinité de nations barbares, parmi lesquelles il avait voyagé. » (Nouveau voyage, par Hennepin, ch. VIII.)

« Voilà, s'écrie le vaillant Tonty, la destinée d'un des plus grands hommes de ce siècle, d'un esprit admirable, capable d'entreprendre toutes sortes de découvertes. » Et dans un placet au comte de Pontchartrain, Tonty avance que « de

---

3. CHARLES DE LA RONCIÈRE, *Le Père de la Louisiane*, p. 127.
4. GABRIEL GRAVIER, TONTY, Margry, *Mémoires*, pp. 33 et 35.

1678 à 1682, il fut le seul officier qui n'abandonna point La Salle ». Il aurait pu ajouter qu'il ne l'abandonna jamais. Voyons maintenant comment un certain nombre d'historiens ont jugé La Salle :

Père Charlevoix : « il avait l'esprit cultivé, il voulait se distinguer, et il se sentait assez de génie et de courage pour y réussir. En effet, il ne manqua ni de résolution pour entreprendre, ni de constance pour suivre une affaire, ni de fermeté pour se raidir contre les obstacles, ni de ressources pour réparer ses pertes. Mais il ne sut pas se faire aimer, ni ménager ceux dont il avait besoin, et dès qu'il eut l'autorité, il l'exerça avec dureté et avec hauteur. Avec de tels défauts, il ne pouvait pas être heureux ; aussi ne le fut-il point » [5].

Pierre Margry : « Corneille écrivait des poèmes, Cavelier de La Salle en faisait. La vie de Cavelier, en effet, est toute une épopée. Rien n'y manque, ni la grandeur des desseins, ni la force de l'homme qui veut les accomplir, ni l'immensité des résultats, ni même cette fatalité de la tragédie antique menant le héros de malheurs en malheurs et finit par le briser après qu'il a déployé toute son énergie contre elle. Le génie de Cavelier de La Salle a, pendant vingt ans, trouvé des ressources contre tous les obstacles ; sa confiance a lutté contre tous les périls et leur a été supérieure, mais il n'a pu se défendre d'un assassin, et celui qui ouvrit un si vaste espace à la civilisation, n'a pas eu de tombeau. » [6]

Francis Parkman : « Cavelier de La Salle était le produit d'une vaste intelligence et d'une grande ambition. Il était capable d'intrigue, mais sa réserve et sa hauteur lui en faisaient perdre le fruit. Il manqua son but, parce que son projet était trop vaste et parce qu'il ne voulut pas se concilier le bon vouloir de ses auxiliaires. Parmi ses compagnons, il y avait toujours des traîtres, et ils étaient plus fidèles à leur haine que ses amis à leur amitié. Il avait cependant des amis, mais son plus sûr ami, c'est le temps qui, patiemment, fait jaillir la vérité des faits, comme il fait jaillir l'eau du rocher...

5. CHARLEVOIX, *Histoire de la Nouvelle-France*, T. 2, p. 263.
6. PIERRE MARGRY, *Revue de Rouen et de Normandie*, 1847, p. 710.

L'Amérique lui doit un éternel souvenir. Sa mâle figure, coulée en bronze est celle de l'héroïque pionnier qui conduisit à la possession de son plus riche héritage. » [7]

Malgré ses défauts de caractère et sa triste fin, il reste indéniable que c'est La Salle et nul autre qui a découvert l'embouchure du Mississipi, a parcouru le même fleuve du nord au sud, y établissant des forts et dotant la France d'un riche patrimoine. Avec la plupart de ses historiens nous considérons Cavelier de La Salle comme l'un des plus grands explorateurs de l'Amérique du Nord.

---

7. FRANCIS PARKMAN, *The Discovery of the Great West*, pp. 364-366.

TABLE DES MATIÈRES

167

Imprimerie des Éditions Paulines
250 nord, boul. St-François, Sherbrooke, Québec, Canada